한국의 선거제도 개혁: 진단과 처방

한 국 의
선거제도
개   혁

진 단 과   처 방

김종갑 지음

경인문화사

선거제도는 단순히 권력을 배분하고 구성하는 절차적 제도가 아니다. 정당체제, 정부유형 및 이념성, 의회-행정부 관계, 노사정 관계, 시장경제 유형, 복지국가 유형으로 이어지는 제도적 매트릭스에 강한 임팩트를 투사하는 트리거다. 한 나라의 민주주의 패러다임, 특히 헌정체제 모델을 규정하는 독립변수가 바로 선거제도이다. 민주주의의 수준은 선거제도의 수준을 능가하지 못한다.

게르만·노르딕 등 유러피언 민주주의는 이런 이론적 가설을 경험적으로 검증하고 있다. 그들 국가의 비례대표제는 좌파·중도·우파 등 이념적 스펙트럼이 다양한 다당체제, 이념블록을 뛰어넘는 입법연합 및 정부연합, 정당연합을 통한 행정부-의회 협치, 노사(정) 연합에 바탕한 사회적 대화, 정치적 시장조정으로 경제민주화, 중부담-중복지 국가 혹은 고부담-고복지 국가 등의 제도화를 유인하고 있다. 이렇게 해서 유러피언 민주주의 국가들은 예외 없이 민주주의의 절차적 정당성·공정성과 실질적 정당성·공정성이 서로 맞물려 다층적이고 복합적인 사회갈등과 분열을 조정 관리하며 국민통합을 구축해 가고 있다.

대조적으로 한국 민주주의의 선거제도는 극단적인 불비례성 단순다수대표제이다. 소수정당들에게 극도로 불공정한 국회의원·대통령의 승자독식 단순다수대표제는 거대 양당 독점 체제, 집권당 독임 정부, 대통령(행정부)-국회 충돌, 갈등적 노사(정) 관계, 재벌 중심 독점경제, 저부담-저복지 국가로 이어지는 정치경제의 악순환 경로를 구조화하고 있다. 특히 단순다수대표제의 승자독식성은 정당정치 양극화, 국회정치 양극화, 대통령-야당 양극화를 심화시키며 한국 민주주의를 심각하게 위협한다. 결국 단순다수대표제가 촉발하는 승자독식-양극화 정치는 승자독식-양극화 경제와 승자독식-양극화 사회를 낳는 근본 원인이라 해도 과언이 아니다. 그렇다면 한국 민주주의가 결행해야 할 정치개혁의 요체는 선거제도이다. 선거제도 개혁이야말로 시대적 과제가 아닐 수 없다.

이런 시대적 요청에 부응하는 책이 출판되었다. 신진기예의 학자 김종갑 박사가 저술한 역저 『한국의 선거제도 개혁: 진단과 처방』이다. 독일 베를린 자유대학에서 학위를 취득한 그는 선거제도 개혁을 그동안 집요하고 열정적으로 천착해 온 연구자이다. 특히 독일 연동형 비례대표제에 관한 한 가장 심도 있고 정교한 연구로서 국내 최고의 학자로 정평이 나 있다. 저서는 한국 선거제도의 문제점과 한계를 객관적·논리적으로 분석하고, 이를 극복하기 위해 국회의원 스칸디나비아식 불비례보정형, 대통령 선호투표제, 광역 지방의회 스칸디나비아식 불비례보정형, 기초의회 개방형 비례대표제 등 대안적 처방을 집대

성하고 있다. 저서를 관통하는 핵심 메시지는 한국 민주주의의 승자독식-양극화 정치를 유발하는 단순다수대표제가 연합정치를 유인하는 비례성 높은 선거제도로 개편돼야 한다는 지점이다. 무엇보다 이 책은 세밀한 분석을 바탕으로 매우 정치(精緻)한 최적의 대안을 제시하고 있다는 점에서 수많은 선거제도 관련 저술 중에서도 단연 독보적이다. 예를 들어 저자가 국회의원 준연동형 비례대표제와 광역 지방의회 선거의 개선방안으로 제시한 스칸디나비아식 불비례보정형은 해외 전문가로부터도 공감대를 이끌어낸 창의적인 대안으로서 국내 선거제도 개혁논의의 지평을 한 차원 넓혔다는 점에서 주목할 만하다.

물론 고(高)비례성 선거제도가 대통령제와 조응할 수 없다는 반론이 있다. 그러나 정부형태와 선거제도 사이에 제도적 인과성이나 논리적 필연성은 없다. 따라서 고비례성 선거제도와 대통령제 간 제도적 충돌이 발생하거나 순기능적 조합이 불가능할 이유가 없다. 오히려 그런 제도적 조합이 다당제-연합정치의 제도화를 촉진하여 대통령 소속 정당의 단독집권과 패권적 정치지형을 막고, 나아가 대통령의 독단적 국정운영에 대한 견제 장치로 작용할 수 있다. 최근 해외 연구들도 이런 견해를 뒷받침하는 대통령제의 안정적 작동 조건을 제시한다. 즉 대통령제 하의 의원·대통령 선거제도는 집권당의 과반 의석을 허용하지 않고, 다당제 정당연합을 매개로 대통령-의회 협치를 유인하는 데 유리한 높은 비례성을 가져야 한다는 것이다. 대통령제에서 집권당이 과반 의석 이상을 점유하면, 일방적 입법독주를 불사하는 제왕적 대통령의 출현으로 대통령 민주주의의 작동이 정상적 궤도를 상시적으로 이탈할 수 있기 때문이다. 적잖은 정치인·정치학자들의 통념을 벗어난 이런 다소 역설적인 주장은 대통령제와 고비례성 선거제도 간의 제도적 정합성이 존재할 수 있음을 시사한다. 이런 관점에서 나는 선거제도의 비례성 확대를 처방하고 있는 이 책에 약간의 정치학적, 정치경제학적 상상력을 동원하여 두 가지 가치를 부여하고 싶다.

첫째, '포스트 87년 헌정체제' 설계의 첫 단추 고리를 마련했다는 데 의미가 있다. '87년 헌정체제'는 단순 다수대표 선거제도가 유발하는 승자독식-양극화 정치로 인해 입법·국정 교착이 일상화되고 있다. 반면 고비례성 선거제도는 정당연합-정책연합-입법연합-내각연합을 유인하여 행정부-의회 협치의 공간을 확장하고, 다수당과 소수당이 의제설정과 정책결정 과정에 동등하게 참여하는 정치적 인풋사이드인 '포용적 국정 거버넌스' 메커니즘을 내장하는 합의제 헌정체제(consensual constitutional regimes)를 설계하는 지렛대 역할을 할 수 있다. 무엇보다 대통령이 정당연합과 랑데부하면 연정대통령(coalitional president)으로 변형된다. 연정대통령은 안정적 연정 관리를 위해 인사권·예산권·정책결정권을 연정 파트너 정당(들)과 분점·공유하는 전략적 옵션이 불가피하며, 정당연합이라는 연결고리로 행정부-국회 협력을 이끌어 입법 효율성을 높일 수 있다. 이런 의미에서 저서가 제시하는 선거제도 개혁은 향후 '포스트 87년 헌정체제'를 디자인하는 합의제 헌정공학(constitutional engineering)에 유의미한 실마리를 제공할 수 있을 것으로 기대된다.

둘째, 경제양극화와 사회적 불평등을 완화하는 경제민주화와 복지국가 창출을 견인할 수 있는 정치제도적 인프라를 마련했다는 데 의미를 부여할 수 있다. '유러피언 드림'의 아이콘인 경제민주화와 복지국가는 전통적으로 비례대표제가 유인하는 노사정 연합의 정책교환의 산물이고, 상호작용하며 이를 안정적으로 작동시킨 건 정당연합이다. 한국 민주주의의 고비례성 선거제도는 정당연합과 노사정연합을 유인할 확률을 높일 수 있는 제도적 견인차이다. 특히 진보-보수를 넘나드는 정당연합은 노동과 자본을 동등하게 대표하는 정치공간이고, 특정 이익집단에 편파적 특혜를 제공할 수 없기에, 노사정연합을 유인하는 경향을 보인다. 정당연합과 노사정연합의 유기적 연동은 동일노동-동일임금, 이해관계자 기업지배구조, 대기업-중소기업 상생협력, 노동시장의 유연성-포용성-혁신성 균형적 조합 등 경제민주화와 일자리복지(job-fare)-사회복지(welfare)-학습복지(learn-fare) 등 3fares 복지국가 관련 정책들의 의제화와 입법화를 순항시키는 가능성을 열어 주는 정치적 동력이다. 이런 맥락에서 볼 때 선거제도의 비례성 확대를 처방한 이 저서는 향후 정당연합과 노사정연합이라는 절차적 민주주의와 경제민주화·복지국가라는 실질적 민주주의 사이의 선순환 사이클을 조성하는 제도적 토대를 구축했다고 평가할 수 있겠다.

단언컨대, 한국 민주주의의 위기는 완승-완패 게임으로 작동하는 단순다수대표 선거제도가 강제하는 절차적 민주주의의 승자 권력독점과 '파괴적 양극화'(pernicious polarization) 정치에서 비롯된다. 따라서 한국 민주주의의 선차적 과제는 권력구조 개편이 아니라 선거제도 개혁이다. 선거제도 개혁 없는 권력구조 개편만으로는 한국 민주주의의 '위기의 강'을 넘을 수 없다. 더불어민주당이 의총에서 만장일치 당론으로 채택하고 승패와 관계없이 추진하겠다고 대선 공약으로 내걸었던 연동형 비례대표제, 그 대국민 약속이 이행될 수 있다면 정당연합-연정대통령-노사정연합을 제도화하는 길이 열릴 것이며, 그건 '포스트 87년 헌정체제' 도래의 서막을 알리는 신호탄이 될 수 있으리라. 이게 대선 과정에서 민주당이 절규했던 '국민통합을 위한 정치교체'의 단초이고, '촛불혁명의 제도화'로 가는 1단계 로드맵이다.

승자-패자 간 권력 분점·공유의 길을 열어 주는 비례성 높은 선거제도는 충돌하는 다양한 이익과 가치를 대표하고 수렴할 수 있는 정당연합-노사정연합 간 연동을 통해 절차적 민주주의를 심화시킬 것이며, 그런 정교화되고 세련된 절차적 민주주의는 실질적 민주주의를 확대 재생산할 것이다. 유러피언 민주주의의 정치경제 경로가 이를 웅변한다. 그렇기에 비례성 높은 선거제도로의 개혁은 한국 민주주의의 민주화(democratizing Korean democracy) 프로젝트의 1호다. 그래야 정치적 민주주의 진전(자유권·참정권·권력통제권 확대)과 사회경제적 민주주의 역주행(경제양극화·사회불평등 심화)이 병존하는 한국 민주주의 패러독스를 해소할 수 있는 길이 열릴 것이다. 마침 이에 응답하는 안내서가 세상의 빛을 보게 된 것은 참으로 매우 시의적절하고, 적신호가 켜진 한국 민주주의의 정상화를 갈망하는 많은 이들의 전략적 상상력을 자극할 것으로 확신한다.

아무쪼록 김종갑 박사의 학문적 영혼이 녹아 있는 역작이 선거제도 개혁을 위한 후속 연구와 논의의 지평을 넓히는 전기가 되기를 바란다. 동시에 국회의원, 언론인, 정치개혁 시민단체 활동가, 정치학자들이 읽고 토론해서 한국 민주주의의 미래 항로를 개척하는 지침서가 되기를 기대하면서 이 책을 강력히 추천한다.

전남대학교 명예교수 선학태

그동안 한국정치에서 선거제도를 개혁해야 한다는 목소리는 끊임없이 제기되어왔다.

국회의원 선거제도는 기존 다수대표제 위주의 방식에서 2020년 선거부터 병립형에 연동형을 접목한 이른바 '준연동형 비례대표제'가 도입되었다.

비록 준연동형이 위성정당 창당으로 의도했던 비례성 제고효과는 달성하지 못했지만, 기존 다수대표제 하의 병립형에서 벗어나 연동방식을 도입했다는 점에서 큰 의미를 갖는다.

그러나 준연동형의 의석배분방식은 일반적인 연동형과 비교했을 때 매우 특이하다. 지금까지 알려진 외국의 어떤 연동형 체계에도 속하지 않는 독특한 구조를 보인다. 그러한 점에서 준연동형의 유효성에 대한 세밀한 검증이 필요하다.

또한 준연동형 비례대표제를 보다 객관적으로 평가하기 위해 준연동형이 모델로 삼은 독일식 연동형의 제도변화 과정도 세밀하게 분석할 필요가 있다.

현행 대통령 선거제도의 경우, 1표라도 더 많이 얻은 후보가 당선되는 전형적인 다수대표제 방식이다. 그로 인해 사표가 과다하게 발생하고, 당선인의 민주적 정당성의 문제와 정치적 양극화의 심화가 선거 때마다 지적되어 왔다. 당선인의 민주적 정당성을 강화하기 위한 방안으로 결선투표제가 대안으로 논의되고 있으나 개혁방안으로는 미흡하다.

결선투표제는 1차 투표의 1위 후보가 2차 결선에서 탈락할 수 있어 공정성의 문제가 제기될 수 있고, 정당체계의 유동성 및 후보난립의 문제를 초래할 수 있다.

따라서 결선투표제의 단점을 보완하고 유권자의 선호를 적실성있게 반영할 수 있는 방안을 모색해볼 필요가 있다.

지방의회 선거제도의 경우도 다르지 않다. 외형적으로는 다수대표제와 비례대표제가 결합한 혼합식 선거제도이지만, 다수대표제로 선출되는 지역구의원의 수가 압도적으로 많아 승자독식의 다수제적 성격이 강하다. 따라서 비례성을 제고하고 다양성을 강화하는 방향으로 개혁되어야 한다. 특히, 풀뿌리민주주의가 실현되는 기초의회의 경우 다양성 제고를 통해 특정 정당의 의석독점 문제를 해결하는 것이 최대의 과제라고 할 수 있다.

이러한 문제인식에서 출발하여 이 책에서는 기존 제도의 문제점과 한계를 보완하고, 해당 선거의 특성에 부합하는 제도개선방안을 제시하고자 한다.

《한국의 선거제도 개혁: 진단과 처방》은 필자의 학술논문과 연구보고서들을 수정·편집한 책이다. 이 책은 총 4개 장으로 구성되어 있다. 1장에서 선거제도 논의에서 빈번하게 등장하는 주요 개념과 용어, 관련 사례들을 살펴본 후, 2장에서는 현행 국회의원 선거제도인 준연동형을 세밀하게 분석한다. 준연동형이 어떤 특징을 갖고있으며, 어떤 문제점을 보이는지, 또 어떤 부분을 개선해야 하는지 살펴보고 대안을 제시한다.

3장에서는 현행 대통령선거제도의 대안으로 논의되는 결선투표방식의 장단점을 살펴보고, 당선인의 민주적 대표성을 제고하고 유권자의 선택권을 확대할 수 있는 방안을 제시한다.

마지막 4장에서는 지방의회선거제도를 광역의회와 기초의회로 구분하여 각각의 제도가 보이는 낮은 비례성과 다양성의 문제점을 개선할 수 있는 대표선출방식을 제시한다.

이 책이 선거제도 개선 입법 마련에 유용한 참고사례가 되고, 보다 진일보한 연구를 위한 지적 자극이 될 수 있기를 희망한다.

| 차   례 |

PART 1
선거제도의 구성 요소와 주요 개념

1. 당선인 결정방식(electoral formular)

당선인 결정방식은 유권자의 표가 의석으로 전환되는 방식을 말하며, 크게 다수대표제(first-past-the-post)와 비례대표제(proportional representation system), 그리고 다수대표제와 비례대표제의 혼합식(mixed member system)으로 나뉜다.

첫째, 다수대표제는 영국에서 유래한 제도로 웨스트민스터 모델(Westminster model)로 불린다. 초기 영국 식민지 경험을 통해 이 제도를 도입한 대표적인 국가는 미국이며 그 영향으로 영미식 모델(Anglo-Saxon model)로 불리기도 한다.

다수대표제는 19~20세기 식민지 시기를 거쳐 세계 주요 대륙으로 확산되었으며, 그 결과 영국과 미국의 식민지가 집중적으로 분포되어 있었던 아메리카와 아시아, 오세아니아 국가들이 대부분 이 제도를 채택했다. 특히, 아시아지역에서는 일본이 영미식 모델을 수용하고 식민지 경쟁에 나섬으로써 그 영향력이 더욱 확산되었다.

다수대표제의 가장 큰 제도적 효과는 '정치적 안정'(political stability)에 있다. 최다득표자 1인만이 당선되는 방식이기 때문에 당선인 결정이 용이하고, 안정적인 다수당 형성으로 정국 운영을 원활하게 한다는 장점이 있다. 그러나 1위 득표자만 당선되기 때문에 사표(wasted vote)가 많이 발생한다는 단점도 존재한다.

둘째, 비례대표제에는 정당명부식(party-list proportional representation)과 선호투표제의 일종인 단기이양식(single transferable vote)이 있다. 정당명부식은 유권자가 정당의 후보자명부에 투표하고 정당은 득표에 비례하여 의석을 배분받는 제도이다. 이 제도는 단순다수대표제와 함께 선거제도의 가장 대표적인 유형으로 꼽힌다. 정당명부식을 운영하고 있는 국가들은 정당이 명부를 작성하는 방식과 선거구 크기에 따라 국가별로 다양한 형태를 보인다.

단기이양식은 정당의 출마후보자에 대한 선호순위를 기입하고, 일정한 득표쿼터(electoral quota)를 넘은 후보를 당선시키는 방식이다.[01] 당선에 필요한 득표쿼터는 유효투표총수를 선출의원수에 1을 더한 수로 나눈 값에 1을 더한 정수가 된다. 예컨대, 5인을 선출하는 선거구의 유효투표총수가 1,000표라고 가정하면 당선에 필요한 득표쿼터는 [1,000÷(5+1)]+1=167이다.[02] 득표쿼터 167을 넘는 후보가 없을 경우

---

01 단기이양식은 대안투표제(alternative vote)와 더불어 선호투표 방식으로 분류되지만, 대안투표제가 1인 선출의 소선거구제에서 사용되는 반면, 단기이양식은 복수의 당선인을 선출하는 중대선거구제와 결합하는 제도유형이다.

02 단기이양식의 득표쿼터는 의석을 얻기 위한 최저득표수를 의미한다. 투표총수를 선출의원수보다 1인이 더 많은 것으로 가정하고 산출한 투표수에 1을 더한 값은 다수대표제하에서 당선에 필요한 득표가 된다.

1순위 득표가 가장 적은 후보를 탈락시키고, 이 탈락표는 사장되는 것이 아니라 차순위 선호로 기표된 후보에게 이양된다. 또, 득표쿼터를 넘어 당선된 후보의 잉여표도 버려지는 것이 아니라 차순위 선호후보에게 이양된다. 이 과정을 선출의원 총수 5인이 채워질 때까지 반복한다. 단기이양식은 후보 중심의 선거제도라는 점에서 높은 인물대표성을 띠며, 비례성도 일반적으로 연동형 비례대표제와 개방형 비례대표제(명부제) 다음으로 높게 나타난다.[03]

셋째, 다수대표제와 비례대표제를 혼합한 혼합식 선거제도에는 '다수대표제와 비례대표제의 병립형'(mixed member majoritarian)과 '다수대표제와 비례대표제의 연동형'(mixed member proportional)이 있다 (Reynolds 2005, 30-32).

병립형은 다수대표제와 비례대표제를 병렬적으로 조합한 제도로서 비례대표에 의한 의석할당이 소선거구 의석할당에서 발생하는 사표를 직접 구제하거나 보정하는 효과가 낮다. 반면, 연동형은 다수대표제와 비례대표제를 연동시킨 방식이다. 따라서 다수대표제의 인물대표성을 구현하면서 비례대표제적 성격이 강하게 나타난다. 이러한 특성으로 연동형은 '다수대표제와 비례대표제의 장점을 결합한 이상적인 제도' (the best of both worlds)로 평가된다(Shugart and Wattenberg 2001; Karp 2006).

---

03 단기이양식에서는 당선자의 잉여표와 낙선자의 탈락표가 다른 후보에게 이양되기 때문에 비례성의 저하가 나타날 수 있지만, 득표쿼터를 설정하고 있고, 1순위 선호표의 비중이 높다는 점에서 비례성은 높은 수준이라 할 수 있다.

연동형은 지역구선거와 비례대표선거의 의석배분을 서로 연계하는 특성 때문에 초과의석(overhang seat)이 발생하게 된다. 정당이 지역구에서 얻은 의석이 정당득표율로 해당 정당에 할당된 총의석보다 많으면 그 잉여분의 의석이 초과의석으로 인정된다.

한편, 일본식 선거제도는 지역선거구와 비례선거구에서 각각의 정해진 의석을 선출하는 방식을 말한다. 일본식은 병립형으로도 불리는데, 이 같은 병립형은 다수대표제와 비례대표제를 병렬적으로 조합한 제도로서 비례대표에 의한 의석할당이 소선거구 의석할당에서 발생하는 사표를 직접 구제하거나 보정하는 효과가 낮다.

병립형과 연동형의 핵심적 차이는 지역구의 비례대표의 당선인 결정이 연계되어 있는가에 있다. 병립형은 지역선거구 투표결과와 비례대표 투표결과는 각기 다른 의석배분방식에 따르지만, 연동형은 지역선거구와 비례대표 선거결과에 따라 의석배분을 서로 연계시키는 제도이다.

:: 의회선거제도

다수대표제	상대다수제	미국, 영국, 캐나다
	절대다수제	아이티, 이란, 이집트, 중앙아프리카공화국, 콩고, 쿠바, 프랑스 등
비례대표제		그리스, 네덜란드, 노르웨이, 덴마크, 스웨덴, 스위스, 스페인, 아이슬란드, 아일랜드, 오스트리아, 이탈리아, 체코, 터키, 폴란드 등
선호투표제	대안투표제	나우루, 호주(하원)
	단기이양식	말타, 아일랜드, 호주(상원)
혼합제	연동형	뉴질랜드, 독일, 레소토, 루마니아, 멕시코, 볼리비아, 스코틀랜드, 웨일즈, 한국, 헝가리
	병립형	기니아, 리투아니아, 베네수엘라, 세네갈, 세이셸, 아르메니아, 안도라, 우크라이나, 일본, 조지아, 타이완, 타지키스탄, 태국, 파키스탄, 필리핀

2. 선거구제(district magnitude)

선거구란 대표를 선출하는 지역적 단위를 말한다. 일반적으로 1개 선거구에서 1인의 대표를 선출하면 소선거구, 2~4인의 경우 중선거구, 5인 이상은 대선거구로 분류한다.[04]

:: 지역선거구제 국가사례(의회선거)	
소선거구 결선투표제	그루지아, 리투아니아, 아제르바이잔, 알바니아, 헝가리
중대선거구 블록투표제	몰디브, 세네갈, 안도라, 에콰도르, 쿠웨이트, 태국, 튀니지, 필리핀
중대선거구 단기비이양식	대만
소선거구 단순다수제	과테말라, 기니, 뉴질랜드, 니제르, 독일, 러시아, 멕시코, 베네수엘라, 볼리비아, 세이셸, 아르메니아, 이탈리아, 일본, 카메룬, 크로아티아, 한국

1개 선거구에서 1인을 선출하는 소선거구제하에서는 선거의 관리감독이 용이하고 선거비용이 적게 드는 장점이 있으나, 거대정당이나 집권여당에 유리하고 군소정당이나 무소속후보에게는 불리한 제도이다.

선거구제는 당선인 결정방식과 결합하게 되는데, 통상 소선거구제는 단순다수대표제와 결선투표제를 채택한다.

한편 다수대표제를 취하면서 중대선거구를 운용하는 선거제도

---

04 소·중·대 선거구로 분류되는 방식은 편의상의 구분이고, 1구 2인 선거구제 또는 1구 2인제가 정확한 표현이다.

로 블록투표제, 정당블록투표제, 단기비이양식 투표제(single non-transferable vote)가 있다. 비례대표제로 분류되는 정당명부식과 단기이양식의 경우, 대부분 대선거구제를 채택한다.

이밖에도, 지역선거구제와 비례선거구제의 두 가지 선거구제가 결합하는 형태인 독일식과 일본식 혼합선거제도가 있다. 이 경우 비례선거구제는 모두 대선거구제인 반면, 지역선거구는 다양한 형태의 선거구제가 가능하다.

지역구와 비례대표를 결합한 혼합식 선거제도 중 독일식은 지역선거구와 비례선거구의 당선인 결정이 서로 연계되어 있는 방식이고, 일본식은 지역선거구와 비례선거구의 당선인 결정이 서로 독립적으로 이루어지는 방식이다. 그러한 점에서 독일식은 연동형으로, 일본식은 병립형으로 불린다.

우리나라는 1948년 초대 제헌국회부터 제8대 국회까지는 선거구당 1인을 선출하는 소선거구제(1구 1인제)를 채택하였으나, 제9대 국회(1973년)부터 제12대 국회(1985년)까지 선거구당 2인을 선출하는 중선거구제(1구 2인제)로 변경하였다. 13대 국회부터는 다시 선거구당 1인 선출의 소선거구로 환원되었다.

중선거구제는 지난 참여정부에서부터 지역주의 해소를 위한 방안으로 주목받기 시작하였고, 이명박 정부에서도 대통령 직속 사회통합위원회가 지역주의 해소에 대한 중대선거구제의 효용성을 주장할 정도로 대안모델로 인식되었다.[05] 이어 박근혜 정부에서는 제19대 국회의 정의화 국회의장이 중대선거구제의 도입을 통한 지역주의 극복을 정치개혁의 핵심과제로 강조하면서 정치개혁 의제로 논의되기 시작했다.

중대선거구제가 지역주의 극복의 대안으로 관심을 받는 이유는 소선거구제에 비해 광범위한 지역에 기반을 둔 인물의 당선이 가능하여 지지도가 취약한 정당도 당선인을 낼 수 있기 때문이다(정용하 2010, 23). 선거구가 클수록 그에 비례해 소수정당이나 취약정당의 후보가 당선될 가능성이 높아지는 것은 사실이다(Rae 1967; Sartori 1986; Nohlen 2009).[06] 밀집된 지지를 갖는 정당이라도 선거구가 광역화되면 득표가 분산되고 당선가능성이 낮아지게 되므로 경쟁정당이나 취약정당의 후보가 당선될 확률이 높아진다. 따라서 선거구가 클수록 지역주의 완화효과는 그만큼 선명해진다고 할 수 있다.

그러나 선거구를 '과도하게' 확대할 경우 낮은 득표율로도 당선되는 소수대표(minority representation)의 문제가 발생할 수 있다(최태욱 2011, 57). 또한 동일 정당의 후보자간 경쟁이 과열될 수 있다. 복수의 후보자가 출마하므로 후보 파악이 소선거구제보다 어려울 수 있고, 선거비용이 소선거구제에 비해 증가할 수 있다(김용진 외 2009, 90). 이처럼 선거구가 넓어지면 적은 득표로도 당선되는 소수대표의 문제, 선거

---

05 2010.6.8. 청와대에서 개최된 사회통합위원회 1차 보고회의에서 현행 소선거구제를 중대선거구제로 개편하는 방안이 건의되었다. 2010.6.8. 연합뉴스.

06 일반적으로 선거구를 확대할수록 지역주의 완화효과도 뚜렷해지만, 선거구를 '소폭' 확대할 경우 오히려 지역주의를 강화할 수 있다.

관리의 어려움과 선거비용의 증가, 유권자의 후보 식별의 어려움 등의 문제가 발생한다. 그런 점에서 볼 때 지역구도 완화의 효과를 보이면서 선거구 확대로 인해 발생하는 부정적 측면을 최소화할 수 있는 적정 규모의 선거구제를 실시하는 것이 중요하다.

> **:: 중대선거구제 일본사례**
>
> 일본에서 중대선거구제를 근간으로 하는 선거법 개정은 1947년 3월 31일 법률 제43호로 공포되어 1947.4.25. 중의원 총선거에서부터 적용되었다. 이후 중대선거구제는 1992년 중의원 의원선거까지 적용되다가 1994년 정치개혁입법에 의해 소선거구제로 변경되었다.
> 중대선거구제의 도입은 혁신세력의 원내진입을 저지하고 자신들의 입지를 강화하기 위한 보수세력의 의도에서 비롯되었다. 중대선거구제 도입초기에는 혁신세력과 군소정당의 약진이 두드러지면서 다당제가 형성되었으나, 1955년 보수정당인 자유당과 민주당의 합당으로 자민당의 장기집권체제가 시작되었다.
> 일본의 경우, 중대선거구제는 하나의 정당에서 복수후보가 출마하게 되므로 동일정당의 후보간 경쟁이 치열해지고 이로 인해 파벌이 형성되고 파벌의 발호는 다시 음성적이며 불법적인 정치자금 문제를 초래하는 결과를 가져왔다.

3. 투표방식(ballot structure)

투표방식은 유권자가 행사하는 투표의 수와 투표용지에 기재하는 기표방식을 말한다. 즉, 유권자에게 주어진 투표권의 행사방식에 따른 분류기준이라고 할 수 있다.

유권자가 1표만 행사할 수 있으면 단기투표, 출마한 후보자 수만큼 투표권을 행사할 수 있으면 연기투표라고 한다. 또한 유권자가 행사할 수 있는 투표수를 후보자의 수보다 적게 하는 제한투표제, 그리고 출마후보의 수만큼 투표권이 주어지는 블록투표제로 분류하기도 한다.

이 중 블록투표제(block vote)에서는 정당에 관계없이 할당된 의석수만큼 후보자를 선택할 수 있고, 당선인은 다득표 순위에 따라 결정하는 방식이다. 이 방식은 단기비이양식투표제와 함께 중(대)선거구제하에서 적용되는 제도이다.

하지만 블록투표제에서는 유권자가 선거구에 할당된 의석수만큼 투표권을 행사하는 반면, 단기비이양식에서는 1표의 투표권만을 가진다는 점에서 서로 다르다. 비례대표제의 경우 명부형태에 따라 구속형 명부(closed list), 개방형 명부(open list), 자유형 명부(free list)로 나뉜다.

구속형 명부식의 장점은 정당이 후보자의 대중적 지지도에 관계없이 직능대표, 여성, 종교적·인종적 소수의 대표성을 반영하는 명부를 작성할 수 있다는 점이다. 그러나 단점은 대중적 지지를 받은 후보자라 하더라도 정당 내 역학관계에 따라 명부에서 소외될 수 있으며, 이때 유권자는 의사표명을 할 다른 방도가 없다.

유럽의 다수국가들이 채택하고 있는 개방형 명부제에서는 유권자가 선호하는 정당뿐만 아니라 그 정당 내 후보자를 선택할 수 있다. 이제도는 유권자의 선택권을 정당만이 아니라 후보자에게까지 확장하는 장점이 있지만, 동일 정당 후보자들 간에 득표경쟁을 해야 하므로 정당 내 파벌 및 계파형성을 조장하는 단점이 있다. 자유형 명부의 경우, 유권자는 한 정당소속 후보들에게 1표 이상 투표권을 가지거나 서로다른 정당 후보자들의 명부에 교차투표를 할 수 있다.

자유형 명부식에는 선호하는 후보에게 주어진 투표수만큼 몰아서 투표하는 방식(cumulative vote)과 서로 다른 정당 후보자들에게 1표 이상의 투표권을 행사하는 방식(panachage)이 있다.

4. 석패율제(best loser system)

석패율제는 지역구와 비례대표에 중복입후보를 허용하고 지역구 낙선자 중 석패율이 높은 후보를 비례대표로 구제해주는 일본의 독특한 제도이다.

석패율이란 당선자와 낙선자의 득표비율을 말하는 것으로 낙선자의 득표수를 당선자의 득표수로 나누어 100을 곱한 수치이다. 따라서 석패율은 당선자의 득표에 낙선자의 득표가 어느 정도 근접하였는가를 보여주는 지표가 된다. 예컨대, A후보가 5만 표로 당선되고 B후보가 4만 표로 낙선했다면 B후보의 석패율은 80%가 된다. 지역구의 후보는 자신이 출마한 선거구를 포함하는 비례대표 권역에 중복입후보할 수 있고 낙선하더라도 지역구의 득표율에 따라 비례대표로 당선될수 있다. 즉, 지역구와 비례대표로 동시에 출마한 중복후보 중 가장 높은 득표율로 낙선한 후보를 비례대표로 부활당선시킨다. 정당은 비례대표 명부 중 특정번호에 지역구후보 3~4명을 동일순위에 배정하고, 중복입후보자들 중에서 지역구 당선자는 제외하고 남은 후보 중 석패율이 가장 높은 후보를 비례대표로 당선시킨다.

석패율제와 같은 중복입후보제 하에서 정당은 다른 당의 유력후보가 출마한 지역구에서도 후보를 추천한다. 당선가능성이 낮은 군소정당뿐만 아니라 특정 정당이 전통적으로 강한 지지기반을 갖는 지역구에서는 거대정당도 후보를 추천한다.

이렇게 당선가능성이 낮은 지역구에서 정당이 후보자를 내는 것은 지역구의 후보출마가 정당득표율에 영향을 미치는 혼성효과(contamination effect)를 보일 수 있기 때문이다. 지역선거구에서 정당은 출마후보를 통해 당의 정책과 이념에 대한 정보를 전달할 수 있는 기회를 갖게 되며(Ferrara et al. 2005, 37), 유권자는 지역구후보를 통해 정당투표를 결정하게 된다.

유권자의 입장에서는 비례대표의 자질을 평가할 수 있는 기준이 지역구 출마후보가 되므로 정당은 지역구후보를 통해 유권자의 인식을 증대시켜 비례대표 득표율을 높이려는 전략을 취한다(Herron and Nishikawa 2001). 혼성효과는 후보 개인의 인지도, 선거캠페인, 지역유권자의 투표행태 등 다양한 요인에 의해 차이는 있지만, 일반적으로 비례대표 선거구가 전국단위보다는 권역이, 권역 중에서도 그 크기가 작을수록 효과가 크게 나타난다고 할 수 있다.

일본에서 동일 순위에 배정된 비례선거구 후보간 석패율을 적용하는 중복입후보제가 실시된 것은 1994년부터이다. 석패율제도의 도입으로 지역구에서 낙선하였지만 2위 득표자 중 1위 득표자에 가장 근소한 표차로 낙선한 후보는 비례대표로 구제될 수 있게 되었다.

그러나 석패율제는 지역주의 완화에 큰 실효성을 보이기 어렵다. 의석이 추가되는 것도 아니고 비례대표 당선인만 바뀌는 방식이기 때문이다.

또한 석패율제는 잘못 운용하게 되면 지역구에서 낙선한 후보를 비례대표로 부활 당선시키는 통로로 악용될 소지가 있다. 또한 비례대표 홀수 번에 배정되는 현행 여성할당제를 무력화시킬 수 있고, 정치적 소수, 직능대표의 원내 진입도 위축시킬 수 있다(경제희·정준표 2012, 203). 무엇보다 권역별 비례대표제를 도입하면 석패율제를 적용할 필요가 없다. 권역별 비례대표제로도 지역구도 완화효과가 명시적으로 나타날 수 있기 때문이다.

5. 비례성(proportionality)

비례성은 다양한 요인들에 의해 영향을 받는다. 선거제도의 유형, 선거구의 크기, 비례의석의 배분방식, 투표방식 등 비례성의 영향요인은 다양하다. 의회규모와 비례성의 단선적 관계에서만 본다면 의석수와 비례성은 '비례적'이다. 의석수가 많을수록 비례성은 높아진다. 그러나 '정비례'하는 것은 아니다.

파렐(Farrell)은 의회의 크기가 클수록 불비례성이 낮아진다는 사실을 경험적 연구를 통해 입증하였다. 즉, 의원정수가 많을수록 비례성이 높아지지만, 일정 크기 이상부터는 불비례성의 저하가 완만해지는 특징을 보인다는 것이다(Farrell 2011, 158-159).

선거구의 크기(district magnitude)도 비례성 제고와 밀접한 관련을 갖는다. 선거구가 클수록 비례성은 높아진다.[07]

이와 관련하여 레이파트(Lijphart 1994)는 배제한계치(threshold of exclusion)와 대표한계치(threshold of representation)의 개념으로 설명하고 있다.

배제한계치는 정당이 의석을 획득할 수 있는 득표하한선을, 그리고 대표한계치는 득표상한선을 의미한다. 수식으로는 배제한계치는

---

[07] 선거구가 크다는 것은 선거구의 수가 적다는 것을 의미한다. Farrell(2011)의 경험적 연구에 따르면 선거구의 크기 가장 작은 1일 때 불비례성은 13.36이지만, 가장 큰 10 이상에서는 불비례성이 3.48로 나타난다(Farrell 2011, 158).

100%/(선거구의 크기+1), 대표한계치는 100%/(2×선거구 크기)로 표현된다. 즉, 2인 선거구에서 특정 정당이 의석을 얻을 수 있는 배제한계치는 33.33%, 대표한계치는 25%이다. 3인 선거구에서는 배제한계치 25%, 대표한계치 16.67%, 4인 선거구는 배제한계치 20%, 대표 한계치 12.5%, 5인 선거구는 배제한계치 16.67% 대표 한계치 10%가 된다.

즉, 선거구가 클수록 의석점유율은 높아진다고 할 수 있다. 지역선거구든 비례선거구든 모두 선거구가 클수록 비례성이 높아지는 것은 맞지만, 전자의 경우 하나의 선거구에서 몇 명을 뽑는 선거구일 때 비례성이 높아진다고 단정하기 어렵다. 유권자의 투표행태, 투표방법, 정당의 지역적 지지도 등 다양한 변수에 영향을 받기 때문이다(Lijphart 1994).

또한, 최소조건(electoral threshold)도 비례성을 결정하는 중요한 요인이다. 최소조건은 비례대표의석의 배분 대상이 되는 의석할당정당을 결정하는 정당득표율을 말한다. 최소조건은 정당의 난립을 방지하여 정당체계의 안정성을 확보함으로써 의회의 합의가능성을 높이고 의회 운영의 실행력을 강화하기 위한 취지에서 도입된다. 그러나 최소조건이 높을수록 사표가 많이 발생하여 비례성이 낮아진다. 지역구와 비례대표의 혼합식 선거제도를 운영하는 국가의 경우 최소조건에 지역구 의석수를 추가로 설정하기도 한다. 우리나라를 비롯하여 독일과 뉴질랜드가 대표적이다. 독일과 뉴질랜드에서 지역구선거의 당선인 결정 방식은 1표라도 많이 득표한 후보 1인을 선출하는 소선거구 다수대표제이기 때문에 군소정당이 지역구의석을 획득할 가능성은 매우 낮다. 따라서 뉴질랜드처럼 최소조건의 두 가지 요건 중 지역구의석 요건이 낮으면 군소정당의 비례의석 점유율은 높아지게 된다. 실제로 역대 뉴질랜드 총선에서 군소정당 중에는 득표율 5%를 넘지 못했지만, 지역구선거에서 1석을 얻어 비례의석을 얻은 사례가 있었다.[08]

〈표 1-1〉 최소조건 외국사례

국가	최소조건 (정당연합)	비례의석 (총의석)	선거구 수 (선거구당 선출의석)	선거제도
그리스	3%	300	49	비례제
네덜란드	·	150	18	비례제
노르웨이	4%	169	19(3~17)	비례제
뉴질랜드	5% 또는 1석	50(120)	1	혼합제
덴마크	2% 또는 1석	135	10	비례제
독일	5% 또는 3석	299(598)	16(2~64)	혼합제
라트비아	5%	100	5(13~32)	비례제
러시아	7%	225(450)	1	혼합제
리투아니아	5%(7)	70(141)	1	혼합제
벨기에	5%	150	11(4~24)	비례제
불가리아	4%	209(240)	1	혼합제
스웨덴	4%	310(349)	29(2~34)	비례제
스위스	·	200	26(1~)	비례제
스페인	3%	350	50(2~)	비례제
슬로바키아	5%(7/10)	150	1	비례제

08 1999년 총선: 뉴질랜드제일당(NZ First) 4석, 2002년 총선: 진보당(Progressive) 1석, 2005년 총선: 뉴질랜드제일당 1석, 통합미래당 2석, 2008년 총선: 뉴질랜드제일당 4석, 2017년 총선: 뉴질랜드행동당(ACT) 1석.

국가	최소조건 (정당연합)	비례의석 (총의석)	선거구 수 (선거구당 선출의석)	선거제도
슬로베니아	4%	90	8(11)	비례제
에스토니아	5%	101	12(6~13)	비례제
오스트리아	4% 또는 1석	183	9(7~36)	비례제
이스라엘	3.25%	120	1	비례제
이탈리아	3%(10)	398(630)	26	혼합제
일본	2%	176(465)	11(6~28)	혼합제
체코	5%(10/15/20)	200	14	비례제
카자흐스탄	7	98(107)	1	비례제
크로아티아	5	151	10(14)	비례제
터키	10%	600	79	비례제
포르투갈	·	230	22	비례제
폴란드	5%(8)	460	41(7~19)	비례제
핀란드	·	199(200)	14(6~33)	비례제
한국	3%	47(300)	1	혼합제

PART 2
국회의원 선거제도

1. 2014년 헌법재판소 결정과 선거제도 개혁

2014.10.30. 헌법재판소는 국회의원선거 선거구획정의 인구편차기준 3 : 1에 대해 유권자들의 평등권을 침해한다는 이유로 '헌법불합치 결정'을 내렸다. 헌법재판소의 현행 「공직선거법」에 대한 헌법불합치 결정으로 전국의 지역선거구 60곳(2014.10. 인구수 기준)이 2015.12.31.까지 새로운 인구편차기준 2 : 1(최대·최소선거구간 인구편차)에 따라 조정되어야 했다.

선거구 인구편차기준을 3 : 1에서 2 : 1로 축소할 경우 인구기준을 충족하기 위해 인구가 넓은 지역에 산재되어 있는 농어촌지역의 특성상 선거구가 커지게 되므로 지역대표성이 약화될 가능성이 높다.

인구 상한 초과로 분구 대상 선거구는 서울과 경기, 인천, 강원에 집중되어 있고, 하한 미달로 합구 대상 선거구는 대구, 경북과 호남에 집중되었다.[09] 농어촌 선거구의 감소로 발생하게 되는 대표성과 비례성

---

[09] 물론, 인구편차 기준을 축소한다고 해서 지역선거구의 수가 반드시 증가한다고 단정할 수는 없다. 분구와 합구 대상 선거구의 선정이나 경계조정의 탄력적 적용, 자치구 분할금지 규정의 허용, 중대선거구제나 권역별 비례대표제와 같이 지역선거구 및 비례선거구의 변동 등 다양한 요인에 의해 영향을 받을 수 있다.

약화 문제는 선거제도 개혁의 주요 쟁점으로 부상하였고, 이 과정에서 낮은 비례성을 보이는 당시의 병립형을 개선하기 위한 논의가 가속화되었다.

2016년 제20대 국회의원선거까지 비례대표 의석배분방식은 온전히 각 정당이 획득한 득표수에 따라 결정되는 병립형 방식이었다. 그로 인해 선거제도의 비례성이 낮을 수밖에 없었다.

비례의석 결정에만 정당득표율을 적용하는 병립형보다는 총의석을 대상으로 정당득표율을 적용하는 방식으로 비례의석을 산출하는 연동형이 높은 비례성을 보인다.

예컨대, 지역구의석과 비례의석이 각각 50석으로 총의석이 100석이고, A정당과 B정당의 지역구의석과 정당득표율이 동일한 연동형과 병립형의 이득률(advantage rate)을 산출해보자. 비례성을 나타내는 득표율 대비 의석점유율은 연동형의 A정당과 B정당 모두 1이 된다. 1은 득표율과 의석점유율이 일치한다는 것이므로 비례성이 가장 높다는 뜻이다.

:: **이득률**

이득률은 의석점유율을 득표율로 나눈 값이다. 이득률이 1에 근접할수록 비례성이 높아진다. 이득률이 1보다 작으면 과소대표, 1보다 크면 과대대표를 의미한다.

반면, 병립형에서는 이득률이 A정당은 1보다 큰 1.07, B정당은 1보다 작은 0.83이 나왔다. A정당은 득표율보다 의석을 더 많이 얻어 과대대표되었고, B정당은 득표율보다 과소대표되었다는 것을 말한다. 이처럼 연동형과 병립형의 이득률 비교에서 알 수 있듯이 연동형은 기본적으로 병립형보다 득표 대비 의석점유의 비례성이 높은 방식이다.

〈표 2-1〉 병립형과 연동형의 비례성 비교

구 분	정당	득표율 (A)	배분	지역구	비례	의석률 (B)	이득률 (B/A)
연동형	A	70%	70석	40석	30석 (70-40)	70%	1 (70/70)
	B	30%	30석	10석	20석 (30-10)	30%	1 (30/30)
병립형	A	70%	-	40석	35석 (50×0.7)	75%	1.07 (75/70)
	B	30%	-	10석	15석 (50×0.3)	25%	0.83 (25/30)

비례성에 영향을 주는 또 다른 요인은 비례의석의 비율이다. 2016년 국회의원선거에서 지역구의석 대비 비례의석의 비율은 5.38 : 1이다. 당시 지역구와 비례대표의 혼합식 선거제도 중 병립형을 채택하고 있는 17개 국가 중 가장 낮은 비율이다. 비례의석의 비율이 가장 높은 국가는 아르메니아로 0.46 : 1이고, 가장 낮은 태국의 경우 4 : 1이다. 비례의석의 비율은 선거제도의 비례성을 결정하는 핵심 요인으로 기능한다는 점에서 낮은 비례의석 비율은 낮은 비례성을 초래할 수밖에 없다.

<표 2-2> 병립형 선거제도 국가의 의석비율

순위	국가	총의석	지역구의석	비례의석	지역구 대비 비례 비율
1	아르메니아	131	41	90	0.46 : 1
2	기니아	114	38	76	0.50 : 1
3	조지아	150	73	77	0.95 : 1
4	안도라	28	14	14	1.00 : 1
5	우크라이나	450	225	225	1.00 : 1
6	리투아니아	141	71	70	1.01 : 1
7	세네갈	150	90	60	1.50 : 1
8	일본	480	300	180	1.67 : 1
9	타지키스탄	63	41	22	1.86 : 1
11	베네수엘라(2010~)	164	113	51	2.22 : 1
12	세이셸	34	25	9	2.78 : 1
13	타이완	225	176	49	3.59 : 1
14	파키스탄	342	272	70	3.89 : 1
15	필리핀	291	233	58	4.02 : 1
16	태국	500	400	100	4.00 : 1
17	한국(2016)	300	253	47	5.38 : 1

이처럼 2016년 국회의원선거에 적용된 선거제도는 비례의석의 비중이 낮고 병립형이기 때문에 득표율과 의석점유율의 불비례가 과도하게 나타났다.

비례성을 높이는 수단은 다양하게 존재한다. 다수대표제와 비례대표제의 혼합식 선거제도의 경우 비례의석의 비율을 높이는 방법도 있지만, 당선인 결정방식의 변경이나 최소조건의 하향조정, 의석할당방식의 변경 등 다양한 수단을 통해서 비례성 제고가 가능하다.

이 중 가장 효율성이 높은 방법은 당선인 결정방식을 연동형으로 변경하는 것이다. 연동형 비례대표제에서는 지역구선거에서 과다하게 발생하는 사표를 직접적으로 차단할 수는 없지만, 득표와 의석점유의 비례성을 높여 사표 발생으로 인한 비례성 저하를 보정할 수 있다.

연동형 비례대표제에는 의석배분에 정당득표율을 적용하는 단위에 따라 권역별 연동형 비례대표제와 일률배분식 연동형 비례대표제로 나뉜다. 이는 비례의석 배분의 기준이 되는 정당득표율을 권역 단위로 하는지, 아니면 전국 단위로 하는지에 따라 구분되는 개념이다.

권역별 비례대표제가 개별 권역의 정당득표율에 따라 각 권역에 비례의석을 배분하는 방식이라면, 일률배분식 비례대표제는 정당의 전국득표율을 권역간 차등 없이 일률적으로 적용하는 방식이다.

전국득표율에 따라 일률적으로 권역별 할당의석을 정하는 일률배분식은 특정 지역에서 낮은 지지율을 보이는 정당도 해당 지역에서 비례의석을 차지할 수 있으므로 지역정당체제를 약화시킬 수 있다. 그러나 이 방식은 권역별 정당지지도가 의석으로 직접 반영되지 않기 때문에 대표성의 문제와 직접투표의 원칙에 배치된다는 문제점이 지적된다(김영태 2005, 95). 즉, 권역별로 다르게 나타난 정당간의 '권역별' 경쟁 양상을 '전국적으로' 적용하여 민의를 왜곡시키는 결과를 가져올 수 있다.[10]

---

10 음선필(2013, 183)은 일률배분식과 동일한 개념으로 볼 수 있는 '권역명부식 전국 비례대표제'의 도입을 통해 지역주의 완화 효과가 나타날 수 있다고 주장한다. 정당의 전국평균득표율을 각 권역마다 동일하게 배분하면 득표력이 낮은 정당도 권

2. 중앙선관위의 '수정' 독일식 연동형

2015년 중앙선거관리위원회는 국회의원 선거제도 개선방안으로 독일식 권역별 비례대표제[11]와 석패율제를 제안했다. 중앙선거관리위원회가 제안한 독일식 권역별 비례대표제는 의석배분을 권역간 연계시키지 않고, 개별 권역마다 독립적으로 실시하는 연동형이다. 즉, 독일에서 2009년 총선까지 적용했던 전국단위 정당별 의석배분 후 정당의 권역별 배분이 아니라, 권역별로 인구비례로 할당의석(지역구+비례대표)을 정한 후 개별 권역에서 연동형을 적용하는 방식이다. 지역구 의석과 비례의석의 비율은 2 : 1(200석 : 100석)로 설정하였다. 총의석을 300석으로 유지하는 대신 지역구의석 247석을 200석으로 줄이고, 비례의석 53석을 100석으로 확대하여 의석비율 2 : 1로 조정하였다.

중앙선거관리위원회 안의 문제점은 초과의석이다. 중앙선거관리위원회 안은 정당득표율로 배분되는 의석보다 지역구의석이 많을 때 발생하는 초과의석을 허용한다. 따라서 초과의석이 발생한만큼 전체 의원정수가 늘어난다. 의석비율 2 : 1에서 초과의석이 어느 정도 발생할

역의 비례의석을 얻을 가능성이 높아지는 것은 사실이다. 그러나 해당 권역 유권자의 정당지지가 아닌 전국 유권자의 지지를 근거로 비례의석이 배분된다는 점은 논란이 될 수 있다.

11 독일식 권역별 비례제는 독일의 연동형을 말한다. 독일이 전국이 아닌 주(권역) 단위로 비례의석을 배분하기 때문에 권역별 비례제라고 표현하기도 한다.

것인지는 정확히 예측하기 어렵다. 지역구의석 대비 비례의석 비율이 4.56 : 1(19대 국회)에서 2 : 1로 높아졌다는 점에서는 초과의석의 발생 가능성이 낮아졌다고 볼 수 있으나, 독일과 같이 초과의석의 발생가능성이 높은 권역 단위 배분방식이라는 점은 초과의석의 발생확률을 높이는 요인으로 작용할 수 있다.[12]

중앙선거관리위원회 안을 제19대 국회의원선거에 도입했을 때 초과의석이 소폭 발생한다는 연구들이 있다. 박범계(2015, 23)의 분석에 따르면 4석의 초과의석(서울: 민주통합당 1석, 부산·울산·경남: 새누리당 3석)이 발생하고, 강남훈(2015, 8)의 분석에 따르면 2석의 초과의석이 발생하는 것으로 나타난다. 그러나 초과의석이 실제로 얼마나 발생할 것인지는 정확히 예측할 수 없다. 무엇보다, 지역구의석이 246석인 19대 국회의원선거에 지역구의석 200석을 적용하는 시뮬레이션 자체가 불가능하다. 1표라도 더 많이 획득한 후보가 당선되는 다수대표제 방식이 적용되는 지역구선거에서 지역구의석 수가 다른 선거에 시뮬레이션을 하는 것은 원칙적으로 성립될 수 없다.

초과의석의 개념 및 발생 메커니즘

연동형에서 초과의석은 정당투표의 결과로 개별 정당에 비례배분된 의석보다 많은 지역구의석을 의미한다. 따라서 초과의석이 발생할 경우 비례성은 그만큼 낮아지고 의원정수의 유동성이 발생한다.

초과의석의 발생이 비례성과 유동성에 미치는 영향을 간단하게 도

---

12 독일의 연방하원선거에서 지역구와 비례의석의 비율이 1 : 1이지만 초과의석이 지속적으로 증가하는 추세를 보이고 있다. 지난 2002년 총선에서 5석에 불과했던 초과의석은 이후 지속적으로 증가하여 2021년 총선에서는 기본의석 598석보다 138석이나 많은 736석이 되었다.

식화하면 〈그림 2-1〉과 같다. A정당은 정당투표에 따라 비례해 배분받은 의석이 100석인데, 지역구투표 결과로 얻은 지역구의석은 110석으로 10석의 차이가 발생하였다. 10석은 A정당의 초과의석이고, 이 숫자만큼 A정당은 과대대표되고, 전체의석도 10석이 증가하게 된다.

초과의석의 발생은 다른 정당의 의석배분에도 영향을 미친다. 예컨대, 독일처럼 지역구와 비례대표의 의석비율이 1 : 1이고, A, B, C, D 각 정당이 정당득표율에 비례해 얻은 배분의석이 4칸씩 동일하다고 가정하자. A정당이 배분의석보다 지역구의석(음영부분)을 1/2칸만큼 더 얻는 경우, B정당의 지역구의석도 동일한 크기로 줄어들게 된다. B정당은 지역구의석이 1/2칸 줄어들게 됨에 따라 상대적으로 비례의석이 1/2칸 늘어난다. 결국, 특정 정당에서 초과의석이 발생하면 다른 정당의 비례의석이 늘어난다. 그리고 초과의석이 발생한 만큼 해당 정당은 과대대표되고, 전체의석도 그만큼 증가한다(〈그림 2-2〉 참조).

초과의석의 발생을 초래하는 가장 큰 원인은 비례의석의 비율이다. 전체의석 중 정당투표로 결정되는 비례의석의 비중이 낮을수록 많이 발생한다. 또, 유권자가 정당과 후보의 선택이 동일한 일관투표(straight-ticket voting)보다 정당간 분할투표율(split-ticket voting)이 높을수록 초과의석이 많이 발생할 수 있다. 이밖에도 의석배분이 이루어지는 주(州)나 권역의 수도 초과의석의 발생에 영향을 준다. 주(州)나 권역의 수가 많을수록 초과의석의 발생가능성은 높아진다.

〈그림 2-1〉 연동형의 초과의석 발생 메커니즘

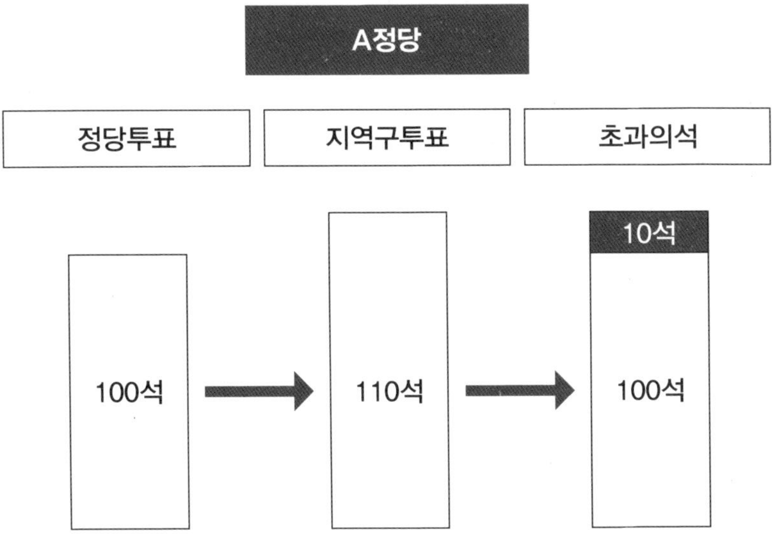

A정당

정당투표	지역구투표	초과의석
100석	110석	10석 100석

〈그림 2-2〉 초과의석 발생과 비례의석 변동

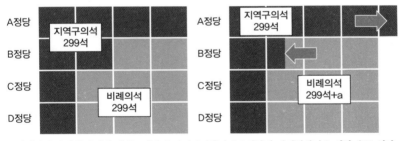

*A정당의 초과의석 발생에 대해 B정당이 아닌 C정당이나 D정당의 비례의석이 늘어날 수도 있다.
김종갑. 독일식 선거제도의 한국 적용가능성: 비례대표 줄일 것인가? 늘릴 것인가? 민주정책연구원
발표문. 2014. 12. 11.

3. 2018년 준연동형 도입논의와 제도 설계

2018.12.3. 국회의원 선거제도의 낮은 대표성과 비례성을 개선하기 위해 국회정치개혁특별위원회가 구성되었다. 국회정치개혁특별위원회는 각 정당의 논의를 종합하여 소선거구 연동형(지역구 200, 비례 100석), 도농복합선거구 권역별 비례대표제(지역구 225, 비례 75), 소선거구 연동형(지역구 220, 비례 110)의 3개 안을 제시하였다. 2019.1.21. 더불어민주당은 다시 소선거구 연동형(지역구 200, 비례 100석)과 유사한 3개의 연동방식 즉, 준(準)연동형, 복합(複合)연동형, 보정(補正)연동형을 공식적인 안으로 발표했다.

이 중 준연동형은 비례의석의 일부는 연동형으로, 일부는 현행처럼 병립형으로 배분하는 방안이다. 복합연동형은 지역구선거의 후보득표와 정당득표를 합산한 숫자로 정당별 배분의석을 산출하고, 이를 근거로 각 정당의 의석을 결정하는 방식이다. 마지막으로 보정연동형은 비례의석보다 지역구의석의 비중이 커 득표와 의석점유의 불비례가 높게 나타날 수 있으므로 비례의석을 배분할 때 이를 고려하여 연동해 지역구선거의 불비례를 보정하는 방안이다. 예컨대, 거대정당은 득표율에 비해 의석률이 높고(+), 소수정당은 득표율에 비해 의석률이 낮다(-). 이 불비례를 보정하기 위해 비례의석을 배분할 때 지역구투표에서 과대대표된 (+)정당은 그만큼 차감하고, 과소대표된 (-)정당은 그만큼 보상해주는 방식이다.[13]

2019.3.15. 세 가지 연동방식 중 준연동형에 일부 수정을 가미한 안이 여야 4당(더불어민주당, 바른미래당, 정의당, 민주평화당)의 합의안으로 채택되었다. 여야 4당의 준연동형 합의안은 정의당의 심상정의원이 대표발의한 「공직선거법」 일부개정법률안으로 정치개혁특별위원회에 회부되었고, 2019.4.30. 신속처리안건으로 지정되었다.

이후 국회정치개혁특별위원회는 안건조정위원회를 구성하여 해당 법률안을 의결하였고, 본회의 최종 상정 단계에서 더불어민주당의 요구를 수용하여 수정안이 제출되었다. 2019.12.27. 「공직선거법」 수정안은 원안가결되었다.

준연동형 의석배분의 특징

국회를 최종 통과한 준연동형 수정안은 지역구와 비례대표 국회의원 수를 253명과 47명으로 하고, 석패율제 및 권역별 비례대표제를 폐지하고, 2020년 국회의원선거에 한해 30석에 대해서만 준연동형 비례대표제를 적용하는 특례를 신설하는 내용으로 정리되었다.

---

13 복합연동형과 같이 지역구득표와 정당득표를 합산한 결과를 정당의 배분의석으로 설정하는 방식은 현실적으로 검토해볼 수 있다. 실제로 독일 바이에른(Bayern)주의회선거에서는 복합연동형과 유사한 방식이 사용되고 있다. 문제는 보정연동형이다. 이 방식은 초과의석 발생으로 과대대표된 정당의 비례의석을 감산하는 것이다. 과소대표된 정당은 비례의석을 배분하여 보정할 수 있지만, 초과의석이 발생하여 과대대표된 거대정당은 비례의석이 없기 때문에 감산방식이 작동할 수 없다.

준연동형이 이전의 병립형 선거제도와 다른 점은 비례의석을 배분하는 방식이다. 병립형에서는 정당득표율로 비례의석 47석을 각 정당에 할당하는 방식이었다. 그러나 준연동형은 47석 중 30석은 연동형을, 17석은 병립형을 적용하는 연동형과 병립형의 복합방식으로 그 과정이 상당히 복잡하다. 즉, 지역구와 비례대표를 합한 전체의석을 정당득표율에 따라 산출한 배분의석에서 지역구의석을 뺀 의석 중 절반은 연동형을 적용하여 배분하고, 남은 비례의석은 현행처럼 득표비례 방식으로 배분하는 방식이다. 이른바 '50% 연동배분'이다.

50% 연동배분을 적용하여 산출한 연동배분의석이 연동비례의석 30석보다 크면 의석비율에 따라 30석으로 줄인다. 이 30석을 준연동형에서는 조정의석이라 한다. 그리고 병립형이 적용되는 병립배분의석 17석은 정당득표율에 따라 각 정당에 할당된다.[14] 예를 들어, 총의석 300석 중 50% 연동배분은 300석의 절반인 150석에서 지역구의석과 무소속의석을 제외한 147석이고, 이를 30석으로 축소한 조정의석이 연동배분의석이고, 나머지 비례의석 17석이 병립배분의석이다.

준연동형은 '50% 연동배분'과 '30석 조정의석'으로 설계되었기 때문에 100% 연동방식의 일반적인 연동형에 비해 낮은 비례성을 보일

---

14 '30석 조정의석'은 준연동형 비례대표제에서 전체 비례의석수 47석 중 연동배분 의석수를 30석으로 고정시키는 방안을 말한다. '30석 조정의석'은 21대 국회의원 선거에만 적용되고, 2024년 22대 국회의원선거부터는 해제된다. 이에 관해서는 「공직선거법」 부칙 제4조 제1항 및 「공직선거법」 제189조 제2항 제3호 참조.

수밖에 없다. 다만, 비례의석 47석을 전부 병립형에 따라 배분했던 기존의 선거제도에 비하면 비례성 제고 효과가 어느 정도 나타날 수 있는 방식이다.

연동형의 제도 설계의 관점에서 보면 준연동형은 전 세계 어떤 국가에서도 유사 사례를 찾을 수 없는 독특한 방식이다. 다른 어떤 국가에서도 준연동형과 같이 연동배분한 의석수 중 일부를 병립형으로 배분하는 방식으로 지역구와 비례대표를 연동하지 않는다.

또한, 준연동형은 147석을 30석으로 축소할 때 득표율이 아닌 의석률을 적용하는데, 이는 비례성 제고라는 연동형의 도입 취지로 볼 때 타당하지 않다.

준연동형의 지역구의석 대비 비례의석 비율은 5.38 : 1(253석 : 47석)에 불과하여 연동형을 채택하고 있는 국가들 중 가장 낮다. 국가별로 보면, 헝가리가 0.84 : 1로 가장 낮고, 그다음으로 독일 1 : 1(299석 : 299석), 볼리비아 1.1 : 1(63석 : 60석), 뉴질랜드 1.2 : 1(65석 : 55석), 스코틀랜드 1.3 : 1(73석 : 56석), 멕시코 1.5 : 1(300석 : 200석), 레소토 2 : 1(80석 : 40석), 웨일즈 2 : 1(40석 : 20석), 루마니아 3.25 : 1(315석 : 97석)이다.[15]

---

15 독일은 초과의석과 보정의석(adjustment seat)의 발생으로, 뉴질랜드는 초과의석의 발생으로 비례의석의 비율이 선거 때마다 달라진다. 그런데, 초과의석이 지역구의석이면서 비례의석의 증가로 나타난다는 점은 이해하기 쉽지 않다. 초과의석이 발생하면 그만큼 비례의석이 늘어나지만, 그 늘어난 초과의석 수만큼 불비례라는 것을 의미한다. 따라서 초과의석 발생하면 그만큼 비례성이 떨어지고, 의원정수의 유동성도 높아진다.

준연동형에서 비례의석 배분의 기준이 되는 최소조건(electoral threshold)은 정당득표율 3% 또는 지역구의석 5석으로 비례의석의 규모에 비해 지나치게 높은 수준이다. 비례의석의 규모가 작기 때문에 최소조건을 높이면 소수정당의 비례의석 점유 가능성이 더욱 낮아진다.

〈표 2-3〉 연동형 선거제도 국가의 의석비율

순위	국가	총의석	지역구의석	비례의석	지역구 대비 비례 비율
1	헝가리	386	176	210	0.84 : 1
2	독일	598	299	299	1.00 : 1
3	볼리비아	130	68	62	1.10 : 1
4	뉴질랜드	120	65	55	1.18 : 1
5	스코틀랜드	129	73	56	1.30 : 1
6	멕시코	500	300	200	1.50 : 1
7	레소토	120	80	40	2.00 : 1
8	웨일즈	60	40	20	2.00 : 1
9	루마니아	412	315	97	3.25 : 1
10	한국(2020)	300	253	47	5.38 : 1

독일은 비례의석 299석에 최소조건은 5% 또는 3석이고, 뉴질랜드는 비례의석 120석에 5% 또는 1석이다. 레소토는 비례의석 40석에 5%, 볼리비아는 비례의석 60석에 3%이다.

준연동형은 비례의석을 배분할 때 헤어-니마이어식(Hare-Niemeyer method)을 사용한다. 연동형을 채택한 국가들 중 현재 헤어-니마이어식을 사용하는 국가는 우리나라를 제외하면 레소토가 유일하다.[16] 헤

어-니마이어식은 비례성의 측면에서 볼 때 셍뜨-라귀식과 함께 의석
배분방식 중 가장 높은 비례성을 보인다는 평가를 받는다(Balinski and
Young 2001; Benoit 2000).

:: 헤어-니마이어식과 셍뜨-라귀식

정당투표로 결정되는 47석의 비례대표는 각 정당이 얻은 득표율에 따라 할당된다. 정당득표
를 의석으로 전환하는 방식으로 우리는 현행「공직선거법」제189조 제3항에 따라 헤어-니마이
어식(Hare-Niemeyer method)을 사용하고 있다. 헤어-니마이어식은 개발자인 영국의 변호사
토마스 헤어(Thomas Hare)와 독일의 수학자 호르스트 니마이어(Horst Niemeyer)의 이름에
서 유래하였다. 정당득표 총수를 비례의석수로 나눠 1석에 해당하는 득표수(헤어쿼터)를 구
한 후, 이 쿼터(quota)로 개별 정당이 얻은 득표수를 나눈 값으로 의석을 할당하는 방식이다.
쿼터로 나눈 값에서 정수부분을 먼저 배분하고, 다 채워지지 않은 의석은 소수점 이하 수가 큰
순서에 따라 순차적으로 할당한다. 따라서 헤어-니마이어식은 최대잔여식(largest remainder
method)으로 불린다.

셍뜨-라귀식(sainte-laguëmethod)은 개발자인 프랑스 수학자 앙드레 셍뜨-라귀(André Sainte-
Laguë)의 이름에서 유래하였고, 정당의 득표수를 1, 3, 5, 7 등으로 나누어 가장 큰 몫을 가
진 정당의 순으로 의석을 배분하는 방식이다. 셍뜨-라귀식은 최고평균식(highest average
method)으로도 불린다. 셍뜨-라귀식은 헤어-니마이어식과 더불어 의석할당방식 중 가장 균형
적 의석분포를 보이는 것으로 알려져 있다. 셍뜨-라귀식은 헤어-니마이어식에 비해 '부정적 득
표비중'의 모순이 발생할 가능성이 낮은 것으로 평가된다.

셍뜨-라귀식

정당		A	B	C	계
득표		10,000	6,000	1,500	17,500
나눔수	1	10,000①	6,000②	1,500⑥	
	3	3,333③	2,000④	500	
	5	2,000⑤	1,200		
의석		3	2	1	6

---

16 독일과 뉴질랜드는 셍뜨-라귀식(sainte-laguë method)을 사용하는 반면, 스코틀랜
드와 웨일즈, 볼리비아는 동트식(d'Hondt method)을 사용한다.

헤어-니마이어식

정당	득표	쿼터 (총득표/의석)	득표/쿼터	정수	소수점이하 최대잔여수	계
A	10,000		3.43	3	0	3
B	6,000	2916.7	2.06	2	0	2
C	1,500		0.51	0	1	1
계	17,500		6.00	5	1	6

준연동형의 초과의석 처리

연동형 비례대표제가 어렵게 인식되는 가장 큰 이유는 초과의석 때문이다. 초과의석은 정당의 정당득표율로 설정된 배분의석보다 지역구의석이 많을 경우 발생한다.

그런데, 초과의석이 지역구의석이면서 비례의석의 증가로 나타난다는 점은 이해하기 쉽지 않다. 초과의석은 연동형에서 불가피하게 발생하는 단점이라 할 수 있다. 초과의석이 발생하면 그만큼 비례성이 떨어지고, 의원정수의 유동성도 높아진다. 연동형에서는 초과의석의 발생가능성을 배제할 수는 없다.

초과의석의 발생에 영향을 미치는 요인은 많지만, 가장 큰 요인은 지역구의석 대비 비례의석의 비율이다. 비례의석의 비율을 '충분히' 높여야 초과의석의 발생 가능성을 낮출 수 있는데, 초과의석의 발생을 통제할 수 있는 비례의석의 비율을 특정하기는 어렵다. 사실, 초과의석의 발생을 최소화하는 것도 중요하지만, 초과의석이 발생했을 때 그것을 처리하는 방법이 더 중요하다고 할 수 있다.[17]

준연동형은 초과의석이 발생했을 때 의원정수가 확대되는 것을 막기 위해 스코틀랜드 연동형과 유사한 방식을 적용한다. 즉, 초과의석이 발생하면 초과의석이 발생하지 않은 다른 정당의 비례의석을 초과의석 수만큼 감산하는 '정당간 상쇄'(inter-party compensation)가 사용된다.[18] 현행 「공직선거법」 제189조 제2항 제1호는 "연동배분의석수가 1보다 작은 경우 연동배분의석수는 0으로 한다"고 규정하고 있다. 이는 득표율에 따른 배분의석보다 지역구의석이 많아 초과의석이 발생하면 해당 정당의 연동배분의석수는 0으로 설정한다는 의미이다.

연동배분의석이 1보다 작아 0으로 처리하면 초과의석도 비례의석으로 늘어나지 않도록 처리해야한다. 준연동형은 다른 정당의 비례의석을 줄이는 방법을 사용한다. 연동배분의석이 1보다 큰 정당의 경우 30석의 조정의석으로 축소하는 방법이다. 결국 한 정당에서 초과의석

---

17 초과의석이 발생했을 때 이를 허용하고 의석수 확대를 감수하거나, 초과의석을 비례석과 상쇄하여 의석수 확대를 막는 방법 중 선택해야 한다. 어느 경우든 비례성의 저하는 불가피하다. 초과의석을 허용하든, 초과의석수만큼 다른 정당의 비례의석을 줄이든, 그만큼 비례성이 떨어진다. 독일의 경우, 초과의석을 허용하는 대신 완전 비례상태를 만들기 위해 보정의석(비례의석)을 부여하여 총의석이 더 증가하는 방법을 선택했다. 그러나 독일이 선택한 방법은 총의석의 과도한 확대라는 심각한 문제를 초래했다.

18 연동형 국가 중 레소토와 볼리비아도 스코틀랜드와 같은 원리로 초과의석의 발생에 따른 의원정수 확대를 차단한다. 또한 연동형은 아니지만 덴마크, 스웨덴, 노르웨이, 아이슬란드 등 스칸디나비아 국가들이 사용하는 보정의석 배분방식도 의원정수의 확대를 차단하면서 연동형과 같은 효과를 보인다. 필자는 이 방식을 불비례보정방식으로 명명한다.

이 발생하면 다른 정당의 비례의석을 줄여 총의석 확대를 막는것이다.

준연동형이 적용된 21대 국회의원선거에서 초과의석인 거대양당의 지역구의석 247석(더불어민주당 163석+미래통합당 84석)은 놔두고, 50% 연동배분 결과인 147석[300(득표비례 배분의석)-1(정의당 지역구의석)-5(무소속의석)]을 30석 조정의석으로 축소함으로써 초과의석을 처리한다. 이처럼 준연동형은 스코틀랜드 연동형과 세부적인 방식은 다르지만, 초과의석이 발생하지 않은 정당의 비례의석을 줄이는 방법으로 초과의석 문제를 해결한다. 초과의석이 발생했을 때 다른 정당의 비례의석을 줄여 의원정수의 증가를 막는 방법은 초과의석이 지역구의석이지만 실제로는 비례의석의 증가로 나타나는 특성에 착안한 것이다. 그 원리는 〈표 2-4〉와 같다.

총의석이 20석(1칸=1석), 지역구의석과 비례의석의 비율은 [유형 1]의 경우 1 : 1(10석 : 10석), [유형 2]는 3 : 1(15석 : 5석)이라고 가정하자. [유형 1]과 같이 A, B, C, D 4개 정당에 정당득표율에 따라 배분되는 의석수는 5석씩 동일하다. 그런데 A정당이 지역구에서 6석을 얻어 1석의 초과의석(초과A/1)이 발생하면 총의석은 21석으로 늘어난다. 그리고 초과의석은 지역구의석이지만 실제로는 비례의석의 증가로 나타난다. 즉, 초과의석은 A정당의 지역구의석이지만 B정당의 비례의석(비례B/2)이다. 총의석 20석을 유지하기 위해서는 스코틀랜드 연동형과 같이 초과의석이 발생하지 않은 정당의 비례의석을 줄인다. 이때, 비례의석 감소 대상이 되는 정당은 B정당이 아니라 C정당 또는 D정당이

〈표 2-4〉 초과의석 발생에 따른 의원정수 확대 차단 방안

[유형 1]

[초과의석 발생 전]			
비B1	비B1	비C1	비D1
지A1	비B2	비C2	비D2
지A2	지B1	비C3	비D3
지A3	지B2	지C1	비D4
지A4	지B3	지C2	지C1
A당	B당	C당	D당

[초과의석 발생]			
초A1			
지A1	비B1	비C1	비D1
지A2	비B2	비C2	비D2
지A3	지B1	비C3	비D3
지A4	지B2	비C4	비D4
지A5	지B3	지C1	비D5
A당	B당	C당	D당

[초과의석 처리]			
지A1			
지A2		비C1	비D1
지A3	비B1	비C2	비D2
지A4	지B1	비C3	비D3
지A5	지B2	비C4	비D4
지A6	지B3	지C1	비D5
A당	B당	C당	D당

[유형 2]

[초과의석 발생 전]			
지A1	지B1		
지A2	지B2		
지A3	지B3		
지A4	지B4		
지A5	지B5	비C1	비D1
지A6	지B6	비C2	비D2
지A7	지B7	지C1	비D3
A당	B당	C당	D당

[초과의석 발생]			
		비C1	비D1
		비C2	비D2
		비C3	비D3
초A1	초B1	비C4	비D4
초A2	초B2	비C5	비D5
초A3	초B3	비C6	비D6
초A4	초B4	비C7	비D7
초A5	초B5	비C8	비D8
초A6	초B6	비C9	비D9
초A7	초B7	지C1	비D10
A당	B당	C당	D당

[초과의석 처리]			
지A1	지B1		
지A2	지B2		
지A3	지B3		
지A4	지B4		
지A5	지B5	비C1	비D1
지A6	지B6	비C2	비D2
지A7	지B7	지C1	비D3
A당	B당	C당	D당

주: 지: 지역구, 비: 비례대표, 초: 초과의석. ☐ 정당득표율에 따른 배분의석, ■ 지역구, ▩ 비례대표. [유형 1]에서 초과의석이 발생했을 때 B정당의 비례의석이 아닌 C정당 또는 D정당의 비례의석이 감산될 수도 있음.

될 수도 있다.

[유형 2]는 준연동형이 적용된 21대 국회의원선거와 같이 A정당과 B정당이 정당득표 없이 지역구의석만 얻어 초과의석이 과도하게 발생

한 경우이다. 반면, C정당과 D정당의 정당득표율에 따른 배분의석은 각각 10석이라고 가정하자. A정당과 B정당의 초과의석 14석을 처리하기 위해 초과의석이 발생하지 않은 C정당과 D정당의 비례의석을 똑같이 감축한다. 즉, A정당과 B정당의 초과의석을 0으로 설정해 초과의석이 발생하지않은 상태로 만들고, 초과의석이 발생하지 않은 C정당과 D정당에 비례의석 6석을 득표비례로 배분하면 초과의석 발생으로 인한 총의석 확대를 차단할 수 있게 된다.

초과의석 발생으로 인한 의원정수 확대를 막기위해 사용되는 스코틀랜드 연동형을 독일식 연동형과 비교하면 〈표 2-5〉와 같다. 예컨대, 총의석 100석, 지역구의석과 비례의석이 각각 80석, 20석이고, 정당득표율이 70%, 30%라고 가정하자. 독일식 연동형에서는 A정당이 득표율에 따른 배분의석(지역구+비례)보다 지역구의석이 많아 초과의석 1석이 발생해 총의석이 100석에서 101석으로 증가했다고 하면 스코틀랜드 연동형을 적용해 총의석 증가를 차단할 수 있다.

〈표 2-5〉 초과의석 발생에 따른 의원정수 확대 차단방안

구 분	정당	정당득표율	배분의석	지역구	비례대표	초과의석	총의석
독일식 연동형	A	70%	70석	71석	0	1	71
	B	30%	30석	9석	21석(30-9)	0	30
	계	100%	100석	80석	21석	1	101
스코틀랜드 연동형	A	70%	71석	71석	0	0	71
	B	30%	29석	9석	20	0	29
	계	100%	100석	80석	20	0	100

즉, 총의석 100석에서 초과의석이 발생한 A정당의 지역구의석 71석을 제외한 29석을 B정당에 배분한다. B정당의 배분의석 29석 중 지역구의석 10석을 제외한 나머지 19석은 비례의석이 된다. 결국, A정당의 초과의석 1석으로 인한 총의석의 증가를 막기 위해 B정당의 비례의석을 20석에서 19석으로 줄인 것이다.

최저득표자 탈락방식은 초과의석을 지역구 득표의 순으로 배제시키는 방식이다(Meyer 2010, 86). 지역구 당선인을 득표순으로 나열하고, 정당득표에 의해 할당된 의석수를 제외한 나머지 의석에서 득표가 적은 순으로 탈락시킨다. 그리고 탈락 대상자 중 동일한 득표율일 경우에는 추첨에 의해 탈락을 결정한다.

:: 연동형의 초과의석 처리방식

구분	초과 삭제	초과허용	초과보정	동일정당내 최저득표자 탈락	타 정당 또는 동일 정당의 타 권역 비례 탈락
초과 처리 방식	득표수가 낮은 지역구 당선인 순으로 탈락	초과의석을 인정하여 총의석 증가 감수	비례의석을 늘려 배분의석이 초과의석과 동수가 되게 함으로써 초과 보정	최저득표 지역구 당선인 낙선 처리	초과의석이 발생한 정당의 지역구의석을 인정하는 대신 다른 정당(또는 동일 정당 내 다른 권역)의 비례의석을 줄임
사례	1954년 독일 바이에른 주 의회선거	뉴질랜드	독일(2013년 총선 이후)	-	스코틀랜드, 웨일즈, 에스토니아, 오스트리아, 볼리비아, 베네수엘라 (1993-2005)

4. 준연동형의 설계 오류

준연동형은 연동형에 병립형을 접목한 방식으로서 연동형의 일종임에도 그러한 구조적 특징을 보이지 못한다. 연동형이 병립형과 구분되는 가장 핵심적인 특징은 상쇄에 있다. 연동형에서 상쇄란 비례의석을 정당득표율에 따른 배분의석 총수에서 지역구의석을 감산함으로써 지역구의석과 비례의석이 서로 조정되는 것을 말한다. 즉, 연동형에서 지역구의석이 늘어나면 비례의석이 줄어들고, 반대로 지역구의석이 줄어들면 그만큼 비례의석이 늘어나는 것은 상쇄가 작동하기 때문이다.

> 연동형에서 상쇄는 지역구의석과 비례의석이 배분의석 내에서 상호 조정되는 메커니즘을 의미한다. 상쇄의 목적은 특정 정당의 의석증가가 총의석증가로 이어지는 것을 막기 위한 것이다. 독일은 초과의석이 발생하면 '주(州)간 상쇄'와 '정당간 보정'을 적용한다. 그에 비해 한국은 '정당간 상쇄'를 적용한다.
> 연동형에서 득표율로 정해진 배분의석 중 지역구의석을 감산한 나머지의석이 비례의석이 된다. 따라서 상쇄가 작동해야 지역구의석이 많을수록 그만큼 비례의석이 적어지고, 반대로 지역구의석이 적을수록 비례의석이 많아지게 된다.
> 한편, 연동형에서 보정은 초과의석 발생으로 특정 정당에 일방적으로 과대대표된 상태를 상대적으로 과소대표된 정당에 의석을 추가함으로써 대표성의 편차를 줄이는 것을 의미한다.

연동형은 전체 의석을 정당득표율에 비례하도록 배분의석을 산출한 다음, 이 배분의석에서 지역구의석을 감산하고 남은 의석을 비례의석으로 산정한다. 그 취지는 각 정당의 의석점유가 정당득표율에 비례하도록 하되, 지역구의석을 가져가는 만큼 비례의석이 줄어들게 함으로써 각 정당의 비례성을 최대화하려는 것이다.

연동형과 달리 병립형에서는 지역구의석과 비례의석의 배분이 분리되어 상쇄가 나타나지 않는다. 상쇄가 나타나지 않기 때문에 지역구의석이 증가하더라도 비례의석은 변화하지 않고, 총의석수만 증가한다. 준연동형의 경우, 지역구의석이 증가해도 비례의석은 반응하지 않고 총의석만 증가하는 것으로 나타난다. 이는 병립형의 전형적인 특징이다. 따라서 연동형과 준연동형의 연동배분에서 개별 정당의 비례의석은 총의석에서 지역구의석을 뺀 숫자가 된다. 준연동형에서는 연동형의 일반적 특징인 초과의석이 발생하지만, 그것이 연동형을 규정하는 기준이 될 수 없다.

초과의석은 스웨덴, 덴마크, 오스트리아, 에스토니아 등 비례대표제 국가에서도 나타나는 특징이다.[19] 이들 국가에서도 준연동형과 마찬가지로 초과의석이 발생하면 다른 정당의 비례의석을 줄여 의원정수를 유지하는 방법을 사용한다.[20]

---

19 이들 국가들은 초과의석이 발생하면 그에 따른 의원정수 확대를 막기 위해 다른 정당의 비례의석을 감산한다.

20 오스트리아의 경우 별도의 보정의석을 통해 초과의석 문제를 해결하는 방식과는 차이를 보인다. 유권자는 권역명부, 주명부, 연방명부에 각각 투표한 결과로 3단계 의석배분을 거친다. 오스트리아의 초과의석은 권역(Region), 주(Land), 연방(Bund)의 3단계로 실시되는 의석배분으로 발생한다. 먼저, 주단위에서 정당의 할당의석과 당선인을 결정한 후, 상위단계인 주로 넘어가면 권역 단위에서 결정된 의석과 당선인을 제외한 나머지를 결정한다. 연방 단계에서 총의석 183석을 정당의 득표에 비례해 할당한 의석수보다 주별로 이미 할당된 의석수가 많을 경우 초

〈표 2-6〉 연동형과 준연동형, 병립형의 상쇄 작동

구 분	상 쇄
연동형	○ (지역구의석 증가하면 비례의석 감소)
준연동형	× (지역구의석 증가에 비례의석 불규칙하게 반응)
병립형	× (지역구의석 증가에 비례의석 불변)

* 준연동형에서 지역구의석이 9석으로 늘어날 때까지 비례의석은 3석으로 불변이었으나 지역구의석이 10석일 때 2석으로 줄어들어 19석일 때까지 유지된다. 다시 20석일 때 1석으로 줄어들어 23석일 때까지 유지됨.

　　연동형에서 상쇄과정은 필수적이다. 상쇄가 작동해야 정당의 총의석이 정당득표율에 비례해 정해진 배분의석에 맞추어질 수 있어 비례성이 보장될 수 있다. 〈표 2-7〉과 같이 총의석 100석(지역구 50석, 비례대표 50석), A정당과 B정당의 정당득표율이 각각 70%, 30%이고, 지역구의석이 각각 40석, 10석이라고 가정하자. 연동형에서 정당득표율로 설정된 배분의석에서 지역구의석을 감산한 비례의석은 A정당이 30석(70-40)이 되고, B정당이 20석(30-10)이 된다. 그러나 상쇄가 작동하지 않는 병립형에서는 비례의석이 배분의석을 산출하는 과정 없이 정당득표율에 의해서만 결정된다. 즉, A정당의 비례의석은 총 비례의석 50석의 70%인 35석이 되고, B정당의 비례의석은 50석의 30%인 15석이 된다. 이처럼 병립형에서보다 연동형에서 지역구의석 점유율이 낮은

과의석으로 인정된다. 초과의석이 발생하면 총의석 183석에서 권역별, 주별 할당의석을 제외한 나머지 의석만 할당함으로써 의원정수의 확대를 차단한다.

정당이 더 많은 비례의석을 가져갈 수 있기때문에 비례성이 높게 나타난다.

〈표 2-7〉 연동형의 지역구의석과 비례의석간 상쇄 예시

구 분	정당	정당득표율	배분의석	지역구의석	비례의석	계
연동형	A	70%	70석	40석	30석(70-40)	70석
	B	30%	30석	10석	20석(30-10)	30석
	계	100%	100석	50석	50석	100석
병립형	A	70%	-	40석	35석(50×0.7)	75석
	B	30%	-	10석	15석(50×0.3)	25석
	계	100%	-	50석	50석	100석

　연동형 선거제도의 모태가 되는 독일에서는 상쇄가 「연방선거법」에 의석배분의 기본원리로 구체화되어 있다. 독일 「연방선거법」 제6조는 연동형 의석배분의 구조적 특징으로 정당득표율에 따른 배분의석에서 지역구의석을 감산한 결과를 정당의 최종의석으로 결정한다는 점을 명시하고 있다.

　독일식 연동형 중에서도 다양한 하위유형의 연동형이 설계될 수 있지만, 기본적인 구조는 '지역구의석과 비례의석간 상쇄'라고 할 수 있다. 연동형이 '다수대표제와 비례대표제의 이상적 결합'으로 불리는 것도 지역구의석과 비례의석이 상쇄를 통해 연계되어 양자의 특성이 균형적으로 표출될 수 있기 때문이라 할 수 있다(Shugart and Wattenberg 2001; Linhart et al. 2019). 연동형에서 상쇄가 작동하면 지역구의석 점유와 비례의석 점유가 상호 보합적으로 기능하게 되므로 초과의석이 발생하지 않는 한 총의석 증가 없이 비례성을 최대화할 수 있다. 연동형이라도 헝가리와 같이 지역구선거의 사표를 비례의석 산정에 반영하는 이른바 '득표연계'(vote linkage) 방식에서는 상쇄가 작동하지 않는다(Massicotte et al. 1999; Diamond et al. 2006).[21]

그러나 대부분의 연동형이 채택하고 있는 지역구의석과 비례의석 간 '의석연계'(seat linkage)에서는 상쇄가 작동한다(Shugart and Wattenberg 2001, 15). 상쇄는 독일이나 뉴질랜드와 같이 배분의석에서 지역구의석을 감산하는 '직접적인' 연계방식뿐만 아니라, 비례의석 산정을 위한 나눔수(divisor) 설정에 지역구의석을 연동하는 스코틀랜드와 웨일즈의 연동방식에서도 발생한다(Lundberg 2013). 또한 2013년 국회의원선거 이후의 독일식 연동형과 같이 비례의석수가 선거 때마다 유동적인 '전면적 보정모델'에서도 상쇄가 이루어진다.

스코틀랜드는 지역구에서 상대다수제로 73인을 선출하고, 비례대표는 정당득표율에 따라 8개 권역에서 7인씩 56인을 선출한다. 의석배분과정은 다음과 같다. 우선, 정당이 지역구에서 얻은 의석을 정당득표로 비례배분한 총의석에서 제외한다. 제외되는 의석에는 지역구의석뿐만 아니라 무소속의석, 정당명부를 제출하지 않은 의석도 포함된다. 권역별 배분의석에서 지역구의석을 뺀 의석은 동트식을 적용하여 각 정당에 배분한다. 이때 지역구에서 획득한 의석에 1을 더한 수를 제수(divisor)로 설정하고 해당 권역의 정당득표를 제수로 나눈 몫이 큰 순으로 7석을 채울 때까지 배분한다.
2013년 변경된 독일 선거제도는 종전의 방식에 보정의석을 추가한 형태이다. 이전 방식에서는 정당득표율에 따른 배분의석보다 지역구의석이 많을 경우 그 잉여의석을 초과의석으로 인정하는 것에 그쳤지만, 변경된 제도는 초과의석 또는 득표 대비 의석과점 정당을 기준으로 모든 정당의 득표율과 의석점유율이 일치하도록 보정의석을 부여한다. 따라서 보정의석 배분 후에는 모든 정당이 득표한 만큼 의석을 얻게 된다.

---

21 헝가리의 득표연계방식은 낮은 보정효과로 인해 연동형보다는 병립형으로 간주되기도 한다(Shugart et al. 2001; Ferrara et al. 2005).

이처럼 연동형이라면 작동해야 하는 상쇄가 준연동형에서 작동하지 않는 이유는 조정의석 때문이다. 조정의석은 50% 연동배분 적용 후 연동배분의석을 30석으로 줄이는데 사용되는데, 이 과정이 상쇄를 작동 불능으로 만들게 된다.

2021년 제21대 국회의원선거에서 미래통합당과 더불어민주당은 각각 위성정당인 미래한국당과 더불어시민당을 창당함에 따라 비례의석을 배분받을 수 있는 의석할당정당[22]의 수는 7개 정당에 달했다.

이 중 비례의석 없이 지역구의석만 얻은 거대양당을 제외하면 미래한국당을 비롯한 5개 정당이 연동배분 대상이 되지만, 상쇄는 지역구선거에서 유일하게 1석을 얻은 정의당에서만 발생하게 된다.

〈표 2-8〉은 준연동형이 적용된 21대 국회의원선거의 정당별 의석 배분과정을 나타낸다. 각 정당의 정당득표율에 따른 배분의석에서 지역구의석을 감산한 숫자의 절반이 배분의석이 된다('50% 연동배분'). 배분의석 147석은 다시 연동배분과 병립배분으로 나뉘는데, 연동배분에서는 30석으로 축소 조정되고, 남은 17석이 병립형에 따라 배분된다. 연동배분의석 30석은 2020년 21대 국회의원선거에 한해 적용되고 2024년 국회의원선거부터는 병립배분 없이 47석이 모두 연동배분으로 실시된다.[23]

---

22 의석할당정당은 비례대표국회의원선거에서 전국 유효투표총수의 3% 이상을 득표하거나, 지역구국회의원선거에서 5 이상의 의석을 차지한 정당을 말한다.

구 분		계	더불어민주당	미래통합당	미래한국당	더불어시민당	정의당	국민의당	열린민주당	무소속
정당득표		24,856,070			9,441,520	9,307,112	2,697,956	1,896,719	1,512,763	
득표율(%)		1			0.379847	0.374440	0.108543	0.076308	0.060860	
배분의석		295			112.054	110.459	32.020	22.510	17.953	
지역구의석		248	163	84	0	0	1	0	0	5
배분―지역					112.054	110.459	31.020	22.510	17.953	
연동배분	1단계				56.027	55.230	15.510	11.255	9.000	
	2단계	147			56.000	55.000	16.000	11.000	9.000	
	3단계	30			11.429	11.224	3.265	2.245	1.837	
	4단계	28			11.000	11.000	3.000	2.000	1.000	
	5단계	2			0.429	0.224	0.265	0.245	0.837	
	6단계	30			12	11	3	2	2	
병립배분	1단계	17			6.45741	6.36548	1.84523	1.29723	1.03463	
	2단계	15			6.00000	6.00000	1.00000	1.00000	1.00000	
	3단계	2			0.45741	0.36548	0.84523	0.29723	0.03463	
	4단계	17			7	6	2	1	1	
비례의석		47(30+17)			19	17	5	3	3	
총의석		300	163	84	19	17	6	3	3	5

*2020. 6. 중앙선거관리위원회 법제과 회신자료
*헤어-니마이어식 적용. 배분의석 295석은 무소속 5석을 제외한 숫자. 147석은 정당득표율에 따른 배분의석(지역구+비례)에서 무소속 5석을 뺀 295석을 2로 나눈 정수 값(소수점 첫째 자리에서 반올림).

연동배분에서 주목할 부분은 정의당의 지역구의석 1석이 배분의석에서 감산된 후 조정의석으로 축소 조정되는 과정이다. 정당득표를 한 정당 중 유일하게 지역구의석을 획득한 정의당은 연동배분의 상쇄과

---

23 「공직선거법」 부칙 제4조제1항제1호가목: [(국회의원정수 - 무소속의석) × 해당 정당의 정당득표율 - 해당 정당의 지역구의석수] ÷ 2. 나머지 비례의석 17석에 대해서는 병립배분이 실시된다.

정을 보여준다. 정당득표율에 따른 배분의석(32.020)에서 지역구의석 1석을 감산한 결과(31.020)에서 그 절반을 산출하면 16석이 된다(2단계).[24]

3~6단계는 헤어-니마이어식에 따라 147석을 30석으로 의석비율에 따라 축소하여 조정의석을 산출하는 과정을 보여준다. 16석은 연동배분의석이 30석을 넘을 경우 의석비율에 따라 30석으로 맞추도록 규정하고 있는 현행「공직선거법」제4조 제1항 제1호 다목에 따라 3석의 조정의석으로 축소된다(6단계).

준연동형이 일반적인 연동형과 달리 독특한 의석배분방식을 보인다는 점에서 연동형의 기본원리인 상쇄가 정상적으로 작동하는지 살펴볼 필요가 있다. 이를 확인하는 방법은 간단하다. 정의당의 지역구의석을 증가시켰을 때 비례의석과 총의석이 어떻게 변화하는지 보면 알 수 있다.

〈표 2-9〉에서 준연동형은 정당득표로 산출한 배분의석에서 지역구의석을 감산한 후 절반에 해당하는 147석을 30석으로 축소 조정하여 각 정당의 연동배분의석을 산출한 결과를 나타낸다.

---

24 계산식은 다음과 같다. [32.020185(295×0.108543) − 1(지역구의석)] ÷ 2 = 15.5 → 16(소수점 이하 첫째 자리 반올림).「공직선거법」부칙 제4조제1항제1호다목 참조.

〈표 2-9〉 준연동형의 지역구의석 증가에 따른 비례의석 변화

구 분		미래한국당	더불어시민당	정의당	국민의당	열린민주당	계
	정당득표	9,441,520	9,307,112	2,697,956	1,896,719	1,512,763	24,856,070
	배분	112.054	110.459	32.020	22.510	17.953	
정의당 지역구 1석 (21대 국선)	지역구	0	0	1	0	0	1
	배분-지역	112.054	110.459	31.020	22.510	17.953	-
	50%연동	56.000	55.000	16.000	11.000	9.000	147
	30석축소	11.429	11.224	3.265	2.245	1.837	30
	정수	11.000	11.000	3.000	562.000	1.000	28
	잔여의석	0.429	0.224	0.265	0.245	0.837	2
	비례	12	11	3	2	2	30
	총의석	12	11	4	2	2	31
정의당 지역구 2석일 때	지역구	0	0	2	0	0	2
	배분-지역	112.054	110.459	30.020	22.510	17.953	-
	50%연동	56.000	55.000	15.000	11.000	9.000	146
	30석축소	11.429	11.224	3.082	2.245	1.837	30
	정수	11.000	11.000	3.000	2.000	1.000	28
	잔여의석	0.429	0.224	0.265	0.245	0.837	2
	비례	12	11	3	2	2	30
	총의석	12	11	5	2	2	32
정의당 지역구 3석일 때	지역구	0	0	3	0	0	3
	배분-지역	112.054	110.459	29.020	22.510	17.953	-
	50%연동	56.000	55.000	15.000	11.000	9.000	146
	30석축소	11.429	11.224	3.082	2.245	1.837	30
	정수	11.000	11.000	3.000	2.000	1.000	28
	잔여의석	0.429	0.224	0.265	0.245	0.837	2
	비례	12	11	3	2	2	30
	총의석	12	11	6	2	2	33
지역구 4석일 때	지역구의석	0	0	4	0	0	4
	배분—지역	112.054	110.459	28.020	22.510	17.953	-
	50%연동	56.000	55.000	14.000	11.000	9.000	145
	30석축소	11.586	11.379	2.897	2.276	1.862	30

구 분		미래한국당	더불어시민당	정의당	국민의당	열린민주당	계
지역구 4석일 때	정수	11.000	11.000	2.000	2.000	1.000	27
	잔여의석	0.586	0.379	0.897	0.276	0.862	3
	비례	12	11	3	2	2	30
	총의석	12	11	7	2	2	34

만약 정의당이 전체 지역구의석의 변동 없이 지역구선거에서 2석을 얻었다고 가정하고 준연동형 의석배분방식에 따라 비례의석을 산출하면 비례의석은 30석으로 지역구의석이 1석일 때와 동일하게 나타난다. 정의당의 지역구의석을 3석, 4석을 대입해도 비례의석 수는 30석으로 변동이 없다.

연동형의 상쇄가 작동하는 방식이라면 지역구의석 늘어나면 그만큼 비례의석이 줄어들어야 하는데, 지역구의석과 비례의석을 각각 독립적으로 배분하는 병립형과 동일한 결과를 보인다.

실제로, 21대 총선결과를 연동형의 상쇄과정이 없는 병립형에 따라 배분했을 때 준연동형에서와 동일한 결과가 산출된다.

〈표 2-10〉은 정당득표 총수(24,856,070)를 비례의석 30석으로 나눈 헤어쿼터(828535.66)를 구한 후, 이 쿼터로 각 정당의 정당득표를 나누어 의석을 배분한 결과이다. 정의당에는 정당득표율에 따라 비례의석 3석이 배분되고, 여기에 지역구의석 1석이 더해져 정의당의 총의석은 4석이 된다.

〈표 2-10〉 지역구의석 증가에 따른 비례의석 변화(21대 국회의원선거)

구 분	미래한국당	더불어시민당	정의당	국민의당	열린민주당	계
지역구	0	0	1	0	0	1
정당득표	9,441,520	9,307,112	2,697,956	1,896,719	1,512,763	24,856,070
득표/쿼터	11.3954	11.2332	3.2562	2.2892	1.8258	-
정수	11	11	3	2	1	28
잔여의석	1	0	0	0	1	2
비례	12	11	3	2	2	30
총의석	12	11	4	2	2	31

이처럼 준연동형에서 정당득표율에 따른 배분의석에서 지역구의석을 감산하는 차감과정은 존재한다. 즉, 정의당의 득표율에 따른 배분의석 32.020에서 지역구의석 1석을 감산한 후 50% 연동배분을 적용하면 16석이 산출된다.

그런데 정의당의 지역구의석을 2석과 3석으로 늘렸을 때 정의당의 '50% 연동배분'을 적용한 결과는 15석으로 동일하다. 지역구의석의 변화에도 불구하고 '50% 연동배분'을 적용한 결과가 동일하다는 것은 '50% 연동배분'이 상쇄의 작동을 막았다고 할 수 있다.

또한 각 정당의 '50% 연동배분' 적용 결과인 147석을 30석으로 축소하는 조정의석 산출과정에서 정의당의 16석은 3석으로 축소되었다. 이 숫자는 정의당의 지역구의석을 2석, 3석으로 늘려 50% 연동배분을 적용한 배분의석 15석에서 산출된 조정의석 3석과 동일하다. 그리고 정의당의 조정의석 30석은 병립형에서 정의당에 할당되는 의석수와도 동일하다. 이는 준연동형에서 조정의석이 상쇄 기능을 무력화시킨다는 것을 말한다. 결국 준연동형에서 상쇄가 무력화되는 원인은 '50% 연동배분'과 '30석 조정의석'이라고 할 수 있다. 상쇄가 무력화된다는 것은 준연동형의 배분단계는 연동형이 아니라 병립형이라는 사실을 의미한다.

5. 준연동형 개선방안

위성정당 출현 차단

위성정당 출현은 연동형 의석배분이 가진 특성에 기인한 것이라는 점에서 창당을 억제할 수 있는 다양한 방안이 고려될 수 있다. 알바니아(2005년 총선), 베네수엘라(2005년 총선), 레소토(2007년 총선), 이탈리아(2001년 총선) 모두 연동형에서 위성정당이 창당된 사례들이다.

지역구득표와 정당득표를 합산한 결과로 정당의 배분의석을 정하는 방안을 비롯하여, 중대선거구제 도입이나 비례의석 비율 제고를 통해 거대정당의 지역구의석 점유율을 낮추는 방안을 도입하면 위성정당의 창당을 억제하는데 실효성을 보일 수 있다(Raabe 2015, 118-121).

또한 모(母)정당의 비례대표 후보공천을 의무화하고, 일정 숫자 이상 지역구에 후보를 출마시켜야 비례의석 점유를 허용하는 방안이나, 비례의석을 배분받기 위해서는 일정 지역구의석 점유율 이상을 충족하도록 최소조건을 설계하는 방안도 제안된다.

독일과 같이 권역별 연동형 비례대표제를 도입하는 방법도 위성정당 차단에 효과적이다. 이밖에도 지역구선거의 후보득표와 정당득표를 합산한 수를 정당별 의석배분의 기준으로 설정하는 이른 바 '바이에른 주의회선거 방식'도 위성정당 창당을 억제할 수 있다.

∷ 독일 바이에른(Bayern) 주의회선거 의석배분방식

바이에른 주의회(Bayerischer Landtag)는 지역구선거의 후보득표와 정당득표의 총합을 기준으로 정당별 배분의석을 정한 후, 배분의석에서 지역구의석을 감산한 숫자를 비례의석으로 산출한다.

그러나 이러한 방안들은 위성정당 창당의 유인을 약화시키는데 한계가 있거나, 연동형 도입에 장애로 작용하여 연동형의 효과를 반감시킬 수 있다. 이보다는 비례대표 후보에게 엄격한 자격검증 절차를 거치도록 하는 방안이 필요하다. 위성정당은 선거를 앞두고 급조된다는 점에서 비례대표 추천절차를 까다롭게하고 위반했을 때 부과되는 처벌규정을 강화하는 방안이 실효적이다.[25]

---

25 2020.1.14. 「공직선거법」 개정으로 대의원, 당원 등으로 구성된 선거인단의 민주적 투표절차에 따른 후보 추천, 추천절차 위반 시 등록 무효, 선거 후 적발 시 당선무효 규정이 신설되었다. 그러나 해당 규정은 준연동형을 과거의 병립형 비례대표제로 되돌리는 내용의 「공직선거법」 개정안의 위원회 대안이 국회 본회의에서 가결됨에 따라 폐지되었다.

연동과 병립, 별도의 의석으로 분리

현행 준연동형은 연동배분 안에서 다시 연동배분과 병립배분으로 구분하는 방식으로서 창의적 발상의 새로운 연동방식이라기보다 연동형 제도 설계의 기본원리가 고려되지 않아 연동형을 왜곡시킨 방식이다. 준연동형처럼 연동배분한 결과에서 절반만 연동배분하고 나머지 절반은 병립배분하는 방식은 온전한 배분방식이 아니다. 연동배분도 불완전할뿐만 아니라 병립배분도 연동배분의 영향을 받기 때문에 온전한 병립배분이 될 수 없다. 연동배분과 병립배분이 각각 별도의 의석으로 독립적으로 배분되어야 고유의 특성을 살릴 수 있다.

연동형과 병립형을 절충하는 형태로 만들려면 처음부터 별도의 할당의석을 정하고 배분하는 방식이어야 했다. 예컨대, 비례의석 47석 중 연동형에 30석, 병립형에 17석을 적용한다면 연동형은 278석(지역구 248 + 연동배분 30)을 대상으로 하는 이른바 100% 연동배분방식이어야 하고, 17석은 정당득표율에 따라 각 정당에 추가로 배분하는 방식이어야 한다.

2024년 국회의원선거부터는 현재의 병립배분의석 17석도 연동배분의석으로 포함되는데, 100% 연동배분으로 변경되어도 의석배분의 오류는 해결되지 않는다. 준연동형에서 득표율로 정해진 배분의석에서 지역구의석을 감산한 후 47석으로 축소하는 방식이 유지되는 한 의석배분의 오류는 계속 나타나게 된다.

셍뜨-라귀식 의석배분방식 도입

한편, 연동배분에는 헤어-니마이어식보다 셍뜨-라귀식이 적합한 방식이다. 현행 「공직선거법」 189조 제2항 제2호에 따른 헤어-니마이어식 의석배분에서는 비례대표의석 숫자만 확인할 수 있지만, 셍뜨-라귀식에서는 지역구의석과 비례대표의석의 숫자가 비교되므로 상쇄과정을 명확하게 알 수 있다.

셍뜨-라귀식을 사용하면 정당별 득표수를 제수(1, 3, 5 …)로 나눈 몫을 순차적으로 배열한 후 지역구의석을 감산하는 방법으로 연동비례의석을 간단하게 산출할 수 있다. 〈표 2-11〉은 21대 국회의원선거에서 비례의석을 얻은 5개 정당을 대상으로 비례의석 30석을 배분한 결과를 나타낸다. 우선, 비례의석 30석을 배분하기 위해 각 정당의 득표수를 나눔수로 나눈 몫(quotient)을 구하고, 몫이 큰 순으로 ①번부터 비례의석이 30석이 될 때까지 ㉛번까지 비례의석을 산출한다.

〈표 2-11〉 셍뜨-라귀식 적용 비례의석 30석 연동배분

구 분	미래한국당	더불어시민당	정의당	국민의당	열린민주당
	9,441,520	9,307,112	2,697,956	1,896,719	1,512,763
1	9,441,520.0①	9,307,112.0②	2,697,956.0⑤	1,896,719.0(6)	1,512,763.0(9)
3	3,147,173.3③	3,102,370.7④	899,318.7⑭	632,239.7(19)	504,254.3(25)
5	1,888,304.0⑦	1,861,422.4⑧	539,591.2㉔	379,343.8	302,552.6
7	1,348,788.6⑩	1,329,587.4⑪	385,422.3	270,959.9	216,109.0
9	1,049,057.8⑫	1,034,123.6⑬	299,772.9	210,746.6	168,084.8
11	858,320.0⑮	846,101.1⑯	245,268.7	172,429.0	137,523.9
13	726,270.8⑰	715,931.7⑱	207,535.1	145,901.5	116,366.4

구분	미래한국당	더불어시민당	정의당	국민의당	열린민주당
15	629,434.7⑳	620,474.1㉑	179,863.7	126,447.9	100,850.9
17	555,383.5㉒	547,477.2㉓	158,703.3	111,571.7	88,986.1
19	496,922.1㉖	489,848.0㉗	141,997.7	99,827.3	79,619.1
21	449,596.2㉘	443,195.8㉙	128,474.1	90,320.0	72,036.3
23	410,500.9㉚	404,657.0㉛	117,302.4	82,466.0	65,772.3
25	377,660.8	372,284.5	107,918.2	75,868.8	60,510.5
⋮	(⋯)	(⋯)	(⋯)	(⋯)	(⋯)
비례(30)	12	12	2	2	2

* ☐ 정당득표율에 따른 배분의석, ■ 지역구, ▨ 비례대표

비례의석을 ㉛번까지로 하는 이유는 정의당의 배분의석 3석에서 지역구의석 1석(⑤)이 감산되어야 하기 때문이다. 즉, 정의당은 5번째 (2,697,956표), 14번째(899,318.7표), 24번째(539,591.2표) 의석을 배분의석 으로 할당받지만, 지역구선거에서 1석을 얻었기 때문에 연동배분의석 은 30석에서 1석을 감산한 2석이 된다.

2024년 국회의원선거에는 비례의석 47석이 모두 연동형에 따라 배 분된다. 2021년 국회의원선거에서 더불어민주당과 미래통합당이 위 성정당을 창당하지 않고 이들 정당의 정당득표율을 얻었다고 가정하 고, 상쇄 메커니즘이 작동하는 방식으로 비례의석 47석을 연동배분하 면 〈표 2-12〉와 같다. 47석을 전부 연동배분하는 방식도 30석만 연동 배분하는 방식과 동일하다.

전체 의석 300석에서 무소속 5석을 제외한 295석을 각당의 정당득 표율에 따라 배분의석을 구하면 더불어민주당 110석, 미래통합당 112

〈표 2-12〉 셍뜨-라귀식 적용 100% 연동형 개선방안(2024 국회의원선거 적용방식)

구분		더불어민주당	미래통합당	정의당	국민의당	열린민주당	무소속	계
정당득표		9,307,112	9,441,520	2,697,956	1,896,719	1,512,763		24,856,070
득표율(%)		0.374440207	0.379847659	0.108543145	0.076308081	0.060860908		1
295		110.4598611	112.0550594	32.02022778	22.5108839	17.95396786		
지역구		163	84	1	0	0	5	253
연동 배분		9,307,112	9,441,520	2,697,956	1,896,719	1,512,763		
	1	9,307,112.0	9,441,520.	2,697,956.0	1,896,719.0	1,512,763.0		
	3	3,102,370.7	3,147,173.3	899,318.7	632,239.7	504,254.3		
	5	1,861,422.4	1,888,304.0	539,591.2	379,343.8	302,552.6		
	7	1,329,587.4	1,348,788.6	385,422.3	270,959.9	216,109.0		
	9	1,034,123.6	1,049,057.8	299,772.9	210,746.6	168,084.8		
	11	846,101.1	858,320.0	245,268.7	172,429.0	137,523.9		
	13	715,931.7	726,270.8	207,535.1	145,901.5	116,366.4		
	15	620,474.1	629,434.7	179,863.7	126,447.9	100,850.9		
	17	547,477.2	555,383.5	158,703.3	111,571.7	88,986.1		
	19	489,848.0	496,922.1	141,997.7	99,827.3	79,619.1		
	21	443,195.8	449,596.2	128,474.1	90,320.0	72,036.3		
	23	404,657.0	410,500.9	117,302.4	82,466.0	65,772.3		
	25	372,284.5	377660.8	107,918.2	75,868.8	60,510.5		
	27	344,707.9	349685.9	99,924.3	70,248.9	56,028.3		
	29	320,934.9	325569.7	93,033.0	65,404.1	52,164.2		
	31	300229.4	304565.2	87,030.8	61,184.5	48,798.8		
	33	282033.7	286106.7	81,756.2	57,476.3	45,841.3		
	35	265917.5	265,917.5	77,084.5	54,192.0	40,885.5		
	37	251543.6	255176.2	72,917.7	51,262.7	40,885.5		
	39	238643.9	242090.3	69,178.4	48,633.8	38,788.8		
	41	227002.7	230281.0	65,803.8	46,261.4	36,896.7		
	(…)	(…)	(…)	(…)	(…)	(…)		
	143	66,024.6	65,084.7	18,866.8	13,263.8	10,578.8		
	145	65,113.9	64,187.0	18,606.6	13,080.8	10,432.8		
	(…)	(…)	(…)	(…)	(…)	(…)		
	197	47,926.5	47,244.2	13,695.2	9,628.0	7,679.0		
	(…)	(…)	(…)	(…)	(…)	(…)		
	371	25,448.8	25,086.6	7,272.1	5,112.5	4,077.5		
	373	25,312.4	24,952.0	7,233.1	5,085.0	4,055.7		
비례의석		0	0	20	15	12		47
총의석		163	84	21	15	12	5	300

* ☐ 정당득표율에 따른 배분의석, ▨ 지역구, ▨ 비례대표

한국의 선거제도 개혁: 진단과 처방

석, 정의당 32석, 국민의당 23석, 열린민주당 18석이 된다. 더불어민주당과 미래통합당의 경우, 지역구의석이 배분의석보다 많아 초과의석이 발생했기 때문에 비례의석 없이 지역구의석만 가져간다.

따라서 나머지 3개 정당의 배분의석은 총 배분의석 295석에서 거대 양당의 지역구의석 247석을 뺀 48석으로 줄어든다. 거대 양당의 초과의석으로 초과의석이 발생하지 않은 소수정당의 비례의석이 줄어든 것이다. 48석을 배분하면 정의당 21석, 국민의당 15석, 열린민주당 12석이고, 여기서 지역구의석을 뺀 수가 각 당의 비례의석이 된다. 3개 정당 중 유일하게 의석을 얻은 정의당만 비례의석이 20석이 되고, 나머지 2개 정당은 배분의석이 전부 비례의석이 된다.

지역구의석 대비 비례의석 비율, 3 : 1로 확대

연동형에서는 초과의석의 발생가능성을 완전히 배제할 수는 없다. 초과의석의 발생에 영향을 미치는 요인은 다양하지만, 가장 큰 요인은 지역구의석 대비 비례의석의 비율이다. 우리나라의 비례의석 비율은 지역구와 비례대표의 혼합식 선거제도를 채택하고 있는 국가 중 가장 낮다. 비례의석의 비율이 일정한 수준 이상으로 보장되어야 사회적 소수집단이나 계층, 직능대표성이 구현될 수 있다는 점에서 비례의석의 비율을 상향조정할 필요가 있다.

그러나 비례의석의 비율을 늘리는 문제는 전체 의원정수를 결정하는 문제와 직결된다. 현행 300석을 유지할 것인지 아니면 줄인다면 어느 정도 축소할 것이지를 정해야 한다. 우리의 의원정수는 '국회의 대행정부 기능강화'나 '대표성의 강화', '인구수 대비 의원수의 국제적 비교' 등의 측면에서 고찰할 때 확대하는 것이 타당하다.

주요국의 의원 1인당 인구수[26]를 비교하면 우리나라는 170,897명으로 미국(618,696명)과 일본(177,386명)보다는 적지만 영국(53,160명), 프랑스(72,687명), 독일(125,613-a명)[27]보다는 많다. 의원 1인당 인구수와 대표성은 반비례 관계에 있다. 의원 1인당 인구수가 많을수록 대표성은 낮아지고, 반대로 의원 1인당 인구수가 적을수록 대표성은 높아진다.

〈표 2-13〉 주요국의 의원 1인당 인구수

국가	상원	하원		총의석	인구수	의원 1인당 인구수
		지역구	비례			
한국	-	253	47	300	51,269,185	170,897
미국	100	435	-	535	331,002,651	618,696
영국	618	659	-	1,277	67,886,011	53,160
일본	248	289	176	713	126,476,461	177,386
프랑스	321	577	-	898	65,273,511	72,687
독일	69	299	299+a	667+a	83,783,942	125,613-a

---

26 Countries in the world by population(2022).
https://www.worldometers.info/world-population/population-by-country/

27 독일 연방하원선거에서 발생하는 초과의석과 보정의석은 비례의석이기 때문에 선거 때마다 비례의석이 유동적이다. 따라서 의원 1인당 인구수(총인구/총의석)도 유동적이 된다.

의원정수 국가간 비교, 비례의석 비율, 예상 비례효과 등을 고려했을 때 국회의원선거의 총의석은 310석(233+77)으로 지역구와 비례대표의 비율 3 : 1이 적정 수준이라 할 수 있다.

〈표 2-14〉는 총의석은 다르지만 지역구와 비례대표의 의석비율을 3 : 1(248석 : 82석)로 330석을 가상의 총의석으로 설정하여 제21대 국회의원선거의 실제 지역구의석에 적용한 시뮬레이션 결과를 나타낸다. 이를 통해 의석비율 3 : 1 적용이 가져올 수 있는 비례효과를 예상해볼 수 있다.

〈표 2-14〉 연동형 의석배분 개선방안(의석비율 3 : 1)

구 분	미래통합당	더불어 민주당	정의당	국민의당	열린민주당	계
정당득표	9,441,520	9,307,112	2,697,956	1,896,719	1,512,763	24,856,070
배분의석	125	124	36	25	20	330
지역구의석 (A)	84	163	1	0	0	248
배분의석조정 (B)	102	163	29	20	16	330
비례의석 (C=B-A)	18	0	28	20	16	82
총의석 (A+C)	102	163	29	20	16	330

지역구의석과 비례의석의 비율을 3 : 1로 상향조정하면 정당간 비례의석 분포는 소수정당에 유리하게 나타난다. 전체 비례의석 82석 중 64석(78%)이 소수정당에 돌아간다. 정의당에는 가장 많은 비례의석

28석이 배분되고, 국민의당과 열린민주당에는 각각 20석, 16석이 돌아간다. 거대 양당 중 더불어민주당은 1석도 얻지 못하지만 미래통합당은 18석을 얻는다.

초과의석 처리: 스칸디나비아식 불비례보정형

현행 준연동형은 스코틀랜드 연동형의 초과의석 처리방식을 적용하고 있다. 스코틀랜드 연동형은 초과의석이 발생해도 전체 의원정수의 확대로 이어지지 않는 연동형이다.

총의석 129석 중 비례의석 56석을 8개 권역에 7석씩 배분하는데, 정당의 지역구의석이 비례의석보다 많아 초과의석이 발생하면 다른 정당의 비례의석을 감산하여 총의석의 확대를 막는다.

비례대표제로 분류되는 스칸디나비아 국가들도 스코틀랜드와 유사한 방식으로 초과의석을 의원정수의 확대 없이 처리한다. 다만, 스코틀랜드가 초과의석 수만큼 비례의석을 감산하는 방법을 사용하는 반면, 스칸디나비아 국가들은 기본의석(permanent seats) 배분 후 나타나는 불비례를 별도의 보정의석(adjustment seat) 수만큼 전국단위에서 보정하는 방식이다.

예컨대, 스웨덴은 전체 비례의석 349석 중 기본의석 310석을 29개 권역별로 배분하고, 권역 단위에서 발생하는 사표로 인한 불비례를 39석의 보정의석을 통해 해소한다.[28] 조정의석은 전국적으로 정당이 얻은 득표에 따라 할당되는 의석을 정당별로 배분된다. 즉, 득표율 대비 의석을 과점(寡占)한 정당은 보정의석 배분에서 제외하고 득표율 대비 의석을 적게 배분받은 정당에게만 보정의석을 배분한다(김종갑 2018, 36-37).

덴마크의 경우도 마찬가지 방식으로 초과의석 문제를 해결한다. 선거구당 2~21인을 선출하는 10개 선거구에서 135석을 개방형 명부방식에 따라 결정하고, 선거구 단위에서 발생하는 사표로 인한 불비례를 40석의 보정의석을 전국단위에서 배분함으로써 완화한다.

스웨덴과 덴마크의 초과의석 차단방식은 득표와 의석점유의 높은 비례성을 보인다는 점에서 주목할 만하다. 전면적인 비례대표제이기 때문에 그 자체로도 높은 비례성을 보이지만, 별도의 보정의석을 통해 초과의석을 해결함으로써 비례성을 이상적으로 높인다.

노르웨이의 경우, 전체 의석 169석 중 150석은 선거구당 3~17인을 선출하는 19개 선거구에서 폐쇄형 명부제로 결정된다. 나머지 19석은 전국단위에서 불비례성 보정을 위한 보정의석으로 사용된다.[29] 의석할당방식은 19개 선거구에 150석을 인구비례로 할당할 때에는 셍뜨-라귀식(Sainte-Laguë method)을, 개별 선거구에서 각 정당에 의석을 배분할 때, 그리고 19석을 전국단위에서 각 정당에 득표수에 따라 배분할 때

---

28 https://www.riksdagen.se/en/how-the-riksdag-works/democracy/elections-to-the-riksdag/(검색일: 2021.10.6.).

29 http://www.ipu.org/parline-e/reports/2239_B.htm(검색일: 2021.12.6.).

는 '수정' 셍뜨-라귀식(modified Sainte-Laguë method)을 사용한다.[30]

아이슬란드의 경우도 비례대표제 국가로서 선거구당 10~11인씩 총 63인을 선출한다. 63인 중 54인은 폐쇄형 명부로 선출하고, 9인은 전국단위에서 5% 이상 득표한 정당을 대상으로 추가의석(supplementary seat)으로 배분한다.

〈표 2-15〉 스칸디나비아 국가의 선거제도

구 분	기본의석	선거구 수	보정의석	선거구당 선출의원
스웨덴	310	29	39	2~28
덴마크	135	10	40	2~21
노르웨이	150	19	19	3~17
아이슬란드	54	6	9	9

* 선거구제는 1개 선거구에서 복수의 대표를 선출하는 중대선거구제를 채택함.

스코틀랜드 방식과 스칸디나비아 방식은 초과의석을 처리하는 원리에서는 유사하지만, 초과의석이 의원정수 확대로 이어지지 않도록 하는 구체적인 방법에서는 차이를 보인다.

스코틀랜드는 권역 단위에서 초과의석을 처리한다. 지역구선거의 불비례에 대한 보정이 권역 단위에서 이루어지기 때문에 지역구선거에서 발생하는 불비례를 전국단위 조정의석 배분을 통해 보정하는 스

---

30 '수정' 셍뜨-라귀식은 셍뜨-라귀식의 나눔수 배열 1, 3, 5, 7, … 에서 1 대신 1.4를 사용하는 방식이다. 셍뜨-라귀식이 거대정당보다 군소정당에 유리한 반면, '수정' 셍뜨-라귀식은 상대적으로 군소정당에 불리하게 작용할 수 있다.

칸디나비아 국가사례보다 보정효과가 낮다(Lundberg 2013, 612).

또한 스코틀랜드는 지역구의석이 권역별 할당의석보다 많아 초과의석이 발생하면 초과의석이 발생하지 않은 다른 정당의 비례의석을 감산하는 방법으로 초과의석을 처리한다. 그러나 스칸디나비아 국가는 초과의석이 발생하여 과대대표된 정당은 제외하고, 초과의석이 발생하지 않은 정당에게만 비례의석을 배분하는 방법으로 초과의석을 처리한다.

스칸디나비아 선거제도는 전면적 비례대표제 유형으로 분류되지만, 보정의석 배분을 기본의석 점유와 연계한다는 점에서 연동형의 일종으로 볼 수 있으며, 우리와 같은 지역구와 비례대표의 혼합식에서도 적용할 수 있다.[31]

시뮬레이션 분석

〈표 2-16〉은 준연동형이 적용된 제21대 국회의원선거 결과(①)를 비롯하여, 위성정당이 창당되지 않았다고 가정했을 때의 선거 결과(②), 준연동형에서 상쇄가 작동하도록 수정한 결과(③), 준연동형의 의석배분 방식을 유지하면서 47석을 전부 연동형으로 배분하는 '100%

---

31 독일 켐니츠공대 린하르트(Eric Linhart) 교수와 베를린 훔볼트대 마이어(Hans Meyer) 교수는 스칸디나비아 국가의 불비례보정방식이 한국의 병립형 선거제도(Mixed Member Majoritarian)에 적용해도 구조적 정합성의 문제를 보이지 않으며, 비례성 제고 효과를 가져올 수 있다는 의견을 제시하였다(김종갑 2018, 51-53).

연동형'을 적용한 결과(④), 준연동형의 오류를 제거한 '100% 연동형' (⑤), 마지막으로 병립형을 적용한 결과(⑥)를 나타낸다.

〈표 2-16〉 제도유형별 비교

구분			더불어민주당	미래통합당	정의당	국민의당	열린민주당	계
21대 준연동형	위성정당 창당(①)	지역구	163	84	1	0	0	248
		연동 연동비례	11	12	3	2	2	30
		연동 병립비례	6	7	2	1	1	17
		계	180	103	6	3	3	295
	위성정당 차단 (②)	지역구	163	84	1	0	0	253
		연동 연동비례	0	8	10	7	5	30
		연동 병립비례	6	7	2	1	1	17
		계	169	99	13	8	6	300
	오류수정 (③)	지역구	163	84	1	0	0	253
		연동비례	0	0	13	9	8	30
		병립비례	6	7	2	1	1	17
		계	169	91	16	10	9	300
연동형 (253+47)	준연동 방식 (④)	지역구	163	84	1	0	0	253
		연동비례	0	13	15	11	8	47
		계	163	102	6	3	3	300
	오류수정 (⑤)	지역구	163	84	1	0	0	253
		연동비례	0	0	20	15	12	47
		계	163	84	21	15	12	300
병립형 (253+47)(⑥)		지역구	163	84	1	0	0	253
		병립비례	18	18	5	3	3	47
		계	181	102	6	3	3	300

*지역구의석과 총의석에는 무소속 의석 5석이 포함되지 않았음

21대 국회의원선거에 위성정당이 출현하지 않았다고 가정하면, 선거 결과는 더불어민주당과 미래통합당의 경우, 각각 11석, 4석이 감소하는 반면, 정의당은 7석, 국민의당 5석, 열린민주당 3석이 증가하는 것으로 나타난다.

거대정당은 위성정당을 통해 연동배분의석의 대부분을 가져갔으나, 위성정당이 없었다고 하면 거대 정당의 지역구의석 점유율이 높아 연동배분의석을 확보하는 것은 어렵기 때문이다.

'연동형(253+47)'의 '준연동형방식'은 현행 준연동형에서 연동배분의석만 47석으로 확대하고, 각 정당의 배분의석에서 지역구의석을 감산하는 과정 및 조정의석을 산출하는 방식을 유지한 방식을 말한다.

'오류 수정방식'은 '준연동형방식'과 비교했을 때 민주당의 의석은 변화가 없는 반면, 미래통합당은 8석이 감소하고, 정의당을 비롯한 소수정당의 의석은 증가하는 것으로 나타난다.

'연동형(253+47)'의 '오류수정방식'을 '병립형(253+47)'과 비교했을 때, 더불어민주당과 미래통합당은 각각 18석이 감소하는 반면, 정의당은 15석, 국민의당은 12석, 열린민주당은 9석이 증가하는 것으로 나타난다.

'21대 준연동형'의 '위성정당 창당방식'은 2020년 국회의원선거까지 적용한 '병립형(253+47)'과 비교했을 때, 의석분포의 차이는 거의 없다. 더불어민주당은 1석이 감소하고, 미래통합당은 1석이 증가할뿐, 소수정당들은 의석수의 변화가 없다. 이는 위성정당의 창당으로 준연동형의 비례효과가 나타나지 못했다는 사실을 말한다.

6. 독일의 연동형 선거제도 개혁과정(2008~2021)

독일식 연동형에서 유권자는 자신에게 주어진 2표 중 1표(first vote)를 전체의석의 절반인 299개 선거구에서 지역구 의원을 선출하는데 행사하고, 다른 1표(second vote)로는 나머지 299명의 비례대표를 선출한다.

지역구의석과 비례의석을 각각 1 : 1로 구분하지만, 전체의석수는 비례대표를 선출하는 정당투표에 의해 정해진다. 우리나라의 국회의원선거에서 정당투표 결과가 비례의석 결정에만 적용되는 것과 달리, 독일의 정당투표는 정당의 지역구의석과 비례의석의 총수를 결정하게 된다.

그런데 지역구 의석이 비례의석보다 적은 경우 의석수의 변동은 없으나, 지역구 의석수가 해당권역에 배분된 의석수보다 많으면 그 잉여의석은 초과의석으로 모두 인정된다. 따라서 연동형은 전체의석의 배분은 정당투표의 결과로 정해지지만, 실제 당선인의 결정은 지역구를 우선 채운 후, 나머지를 비례의석으로 채우는 방식이다.

초과의석은 비례성을 최대화하면서 동시에 인물대표성을 표출시키려는 의도에서 고안되었다. 즉, 지역구선거의 인물대표성과 정당의 비례성을 조화시키기 위해서는 불가피하게 발생하는 현상이라고 할 수 있다.

초과의석은 지역구의석이 늘어나는 '지역구 잉여의석'이지만, 실제로는 비례의석의 증가로 나타난다. 지역구의석은 299석으로 고정되어 있기 때문에 초과의석은 비례의석이 된다. 초과의석이 발생하면 그 초과의석 수만큼 다른 정당의 비례의석이 되는 것이다.

초과의석은 그동안 거대정당 특히, 기민당(CDU)의 전유물이었다고 할 수 있다. 군소정당은 소선거구 다수대표제로 선출되는 지역구의석을 얻기 어렵기 때문에 초과의석이 발생할 확률은 매우 낮다. 실제로 역대 총선에서 초과의석은 기민당과 사민당(SPD)이 독점했다.

역대 독일 총선의 초과의석을 보면 1990년 통독 전까지는 간헐적으로 발생하다가, 통독 이후 꾸준히 발생하고 있는 것을 알 수 있다. 특히, 2009년 총선에서는 초과의석의 규모가 24석에 달했다. 2009년 총선은 새로운 유형의 초과의석이 발생했다는 점에서도 주목할 만하다.

2009년 총선에서 기사당(CSU)이 얻은 3석의 초과의석은 전국단위에서 발생한 '외생적 초과의석'(external overhang mandat)이었다. 일반적으로 발생하는 초과의석이 정당 내부 주단위에서 발생하는 '내생적 초과의석'(internal overhang mandat)인데 반해, 외생적 초과의석은 정당 외부에서 발생하는 초과의석이다. 내생적 초과의석은 정당 내부에서 권역간 상쇄를 통해 해당 정당의 총의석을 늘리지 않고 해결된다.

그러나 외생적 초과의석은 해당 정당의 정당득표율에 따른 배분의석을 상회하는 초과의석이기 때문에 자체적으로는 해결할 수 없다.[32] 기사당은 바이에른(Bayern) 주에서만 의석을 얻기 때문에 해당 주에서 정당득표율에 따른 배분의석보다 지역구의석이 많을 경우 발생하는

데, 2009년 총선에서 처음 나타났다. 2013년 총선부터는 초과의석 발생에 따른 득표율과 의석점유율의 불비례를 해소할 수 있는 보정의석이 추가되어 의원정수는 더 큰 폭으로 확대되었다.

〈표 2-17〉 역대 독일 총선의 초과의석과 보정의석

총선연도	1949	1953	1957	1961	1965	1969	1972	1976	1980	1983
지역/비례	242/158	242/242	247/247	247/247	248/248	248/248	248/248	248/248	248/248	248/248
초과의석	2	3	3	5	0	0	0	0	1	2
계	402	487	497	499	496	496	496	496	497	498

총선연도	1987	1990	1994	1998	2002	2005	2009	2013	2017	2021
지역/비례	248/248	328/328	328/328	328/328	299/299	299/299	299/299	299/299	299/299	299/299
초과의석	1	6	16	13	5	16	24	4	46	11
보정의석	-	-	-	-	-	-	-	29	65	127
계	497	662	672	669	603	614	622	631	709	736

*서베를린 선출 의원 제외(1949~1987)

:: **독일 정당체계**

독일의 정당체계는 중도우파 성향의 기민·기사당(CDU·CSU)과 중도좌파 사민당(SPD)의 양대 정당을 중심으로 자민당(FDP), 녹색당(Grüne), 좌파당(Linke), 대안당(AfD)의 소수정당들이 경쟁하는 다당체제이다.
기사당은 기민당의 재매정당으로 하원에서 연합교섭단체를 구성한다. 정당간 이념적 거리는 기민·기사당은 자민당과, 사민당은 녹색당과 가깝다고 할 수 있다. 좌파당은 급진적 좌파로, 대안당은 극우포퓰리즘 정당으로 분류된다.

---

32 외생적 초과의석으로 인한 총 의원정수의 확대를 막기 위해서는 초과의석 수만큼 다른 정당의 비례의석을 감산해야 한다.

2011년 「연방선거법」 개정

독일 연방하원 선거제도 개혁은 초과의석과 그로 인해 발생하는 '부정적 득표비중'(negative voting weight)의 모순[33]에 대한 연방헌법재판소의 위헌결정에 의해 촉발되었다(김종갑 2011, 9-12).

2005.10.2. 제16대 독일 총선의 드레스덴 제1선거구에서 실시된 재선거에서 기민당은 의도적으로 정당득표를 적게 얻음으로써 의석을 더 가져갈 수 있었다.[34] 이에 2008.7.3. 독일 연방헌법재판소는 부정적 득표비중을 초래하는 해당 조항에 대해 위헌 결정을 내렸고, 2011.6.30.까지 개정안을 마련할 것을 주문했다. 위헌 결정 후 2011.9.29. 개정된 연방하원 선거제도는 주별 독립적 의석배분방식을 도입함으로써 초과의석의 발생이 원천적으로 차단되도록 하였다.[35]

그러나 투표수(votes cast)를 기준으로 하는 주별 의석할당방식은 2012년 위헌결정을 통해 '부정적 득표비중'의 또 다른 원인으로 지목되었다.[36] 위헌결정의 근거는 인구수나 유권자 수와 같이 선거 실시 전

---

33 '부정적 득표비중'은 정당득표율이 증가하는데 의석수는 감소하고, 반대로 정당득표율이 감소하는데 의석수는 증가하는 현상을 말한다.

34 2005.9.18. 제16대 독일 총선의 드레스덴(Dresden) 제1선거구에 출마한 민족민주당(NPD) 케르스틴 로렌츠(Kerstin Lorenz) 후보가 2005.9.7. 사망함에 따라 해당 선거구의 재선거가 2005.10.2. 실시되었다.

35 2011년 개정된 선거제도는 '투표수 기준 주별 독립적 의석할당'과 '잔여표의 의석전환'을 핵심 내용으로 한다.

36 투표수기준에 따른 주별 의석할당방식이 부정적 득표비중의 원인이 될 수 있는 이유는 투표수와 같은 유동성이 높은 기준으로 의석을 할당하기 때문이다. 주별 할

에 이미 정해진 수치가 아니라 투표수를 기준으로 설정했기 때문에 득표와 의석의 역전현상인 '부정적 득표비중'이 발생한다는 것이었다. 2012년 위헌결정으로 2013.2.21. 개정된 연방선거법은 부정적 득표비중의 모순 발생을 억제할 수 있는 내용을 담고 있다. 우선, 주별 할당의석의 인구수 기준방식으로 변경하였다. 2008년까지의 선거제도에서는 의석이 정당의 득표율에 따라 정당별 배분이 이루어진 후 다시 정당의 개별 주에 배분되는 방식이었다. 또한 초과의석에 대한 보정방식을 도입하였다. 즉, 초과의석이 발생하면 그것을 상쇄하게 되는 의석수를 산정하여 초과의석이 발생하지 않은 정당에 보정의석으로 배분한다. 다만, 초과의석에 대한 보정의석이 배분된 후에도 개별 주(州) 단위에서 여전히 초과의석이 남아있을 수 있다. 이 경우, 2차 보정의석을 추가로 배분하지 않고 정당 내에서 의석분포를 조정하여 초과의석이 발생하지 않도록 처리한다.

요컨대, 2008년과 2012년의 연방헌법재판소 결정은 모두 '부정적 득표비중'에 대한 위헌성을 지적한 것이지만, 두 결정간 위헌의 내용에는 차이가 있다. 2008년의 위헌결정[37]이 초과의석에 의해 나타나는

당의석의 기준이 되는 투표수가 특정 정당에 대한 지지도가 높은 주에서 낮다면 이 정당의 득표수가 많아도 의석은 오히려 적을 수 있다.

37 2008년 7월 3일 독일 연방헌법재판소는 정당득표의 증가가 주별 비례의석의 감소로 이어지고, 정당득표의 감소가 주별 비례의석의 증가를 초래하는 '부정적 득표비중'에 대해 2011년 6월 30일까지 연방선거법의 관련조항(제6조 제3항 및 제4항, 제7조 제3항)에 대한 개정안을 마련하도록 결정하였다(BVerfG, 2BvC

'부정적 득표비중'을 위헌으로 판시한데 반해, 2012년의 결정[38]은 투표
수를 기준으로 주별 의석을 할당하는 방식에 의해 초래되는 '부정적
득표비중'을 위헌으로 보았다.

〈표 2-18〉독일 연방선거법 개정 및 연방헌법재판소 결정 연혁

구 분	연방선거법 개정	연방헌법재판소 위헌결정
2008. 7. 3	• 주별 의석배분 연계 • 초과의석 인정 • 셍뜨-라귀 의석배분방식	-
2008. 7. 3	-	연방헌법재판소 '득표와 의석의 역전현상'위헌결정(BVerfG, 2BvC 1/07, 2 BvC 7/07)
2011. 11. 25	• 투표수 기준 주별 의석할당 • 주별 독립적 의석배분 • 초과의석 인정 • 잔여표의 의석전환	-
2012. 7. 25	-	'득표와 의석의 역전현상'위헌결정 (BVerfG, 2BvR 2670/11, 2 BvF 3/11, 2 BvE 9/1)
2013. 5. 3	• 인구수 기준 주별 의석할당 • 주별 독립적 의석배분 • 초과의석 발생시 보정의석 부여 • 셍뜨-라귀식	-

1/07, 2BvC 7/07). http://www.bundesverfassungsgericht.de/entscheidungen/cs20080703_2bvc000107.html.

38 2012.7.25. 독일연방헌법재판소는 투표수(votes cast)를 기준으로 16개 주에 의석
을 할당하는 현행 방식이 부정적 득표비중의 모순을 초래한다고 지적하였다. 권역
별 의석배분에서는 셍뜨-라귀식(Sainte-Lagüe method)을 사용하고, 잔여표의 의
석산정에는 헤어-니마이어식을 사용한 현행 연방선거제도를 위헌으로 결정하였
다. 위헌결정의 근거는 셍뜨-라귀식과 헤어-니마이어식은 서로 의석대비 득표수
는 동일하지 않기 때문에 투표가치가 중복 반영될 수 있다는 것이다(BVerfG, 2BvF 3/11).

2013년 보정의석모델

선거제도의 측면에서 볼 때 2013년 독일 총선은 매우 특별한 의미가 있다. 2008년 위헌결정 이후 4년여의 논쟁 끝에 개정된 2013년 선거제도는 기존 방식과는 구조적으로 완전히 다른 메커니즘을 보인다. 기존의 방식이 정당의 주별 의석이 전국득표율에 종속되는 방식이었다면 개정된 방식은 주별 의석이 독립적으로 결정되는 분리방식이라 할 수 있다(김종갑 2013, 1-2).

독일 연방하원이 2013년 총선부터 도입한 선거제도는 보정의석모델(adjustment seat model)[39]로 불린다. 즉, 초과의석 발생으로 인한 과대대표 현상을 보정의석을 추가로 부여하여 득표율과 의석점유율을 일치시키는 방식이다.

2013년 개정된 독일 선거제도의 또 다른 특징은 주(州)별 할당의석을 근거로 정당의 배분의석이 정해진다는 점이다. 2009년 총선까지는 득표율에 따라 의석을 결정하는 방식이었지만 2013년 총선부터는 인구수가 정당간 배분의석의 기준이 된다. 주별 할당의석은 16개 주에

---

[39] 2013년 총선부터 독일 연방하원 선거제도는 특정 정당에 초과의석이 발생하거나 과다대표되면 모든 정당의 의석점유가 정당득표에 비례하도록 보정의석을 부여하는 방식으로 변경되었다. 보정의석모델이 도입되면서 초과의석으로 선출된 의원의 궐위 발생시 처리방식도 달라졌다. 기존에는 초과의석으로 선출된 의원의 궐위가 발생하면 충원하지 않고 공석으로 놔두었으나, 2013.5.3 개정된 「연방선거법」은 초과의석으로 선출된 의원의 궐위시 동일 정당의 비례대표의원으로 하여금 승계하도록 하였다.

인구수에 따라 총의석 598석을 비례배분하는 방식이다.

보정의석모델은 초과의석이 1석이라도 발생하면 총 배분의석을 늘려 정당득표율과 의석점유율을 일치시키는 방식이다. 초과의석의 발생으로 인한 정당간 의석배분의 불균형을 보정의석을 통해 해결하는 방식이다. 즉, 초과의석을 인정하는 대신 그에 상응하는 보정의석을 부여하는 정당득표율에 비례한 의석점유가 이루어지도록 조정한다. 다만, 보정의석모델에서 의석수 조정은 전국단위에서만 이루어진다.

주단위에서 발생하는 주별 초과의석에 대해서는 추가로 보정의석을 배분하지 않는다. 만약 전국단위에서 의석수를 조정한 후에도 개별 주단위에서 여전히 초과의석이 남아있거나 새롭게 발생할 경우 주별 의석분포를 조정하여 초과의석이 발생하지 않도록 한다. 그러나 보정의석모델은 정당의 의석점유가 득표에 완전비례한다는 장점이 있으나, 의석수가 과도하게 증가한다는 단점을 보인다.

현재와 같은 선거제도를 채택한 2002년 이후부터 살펴보면 초과의석과 보정의석으로 인하여 의석이 급격하게 증가하는 것을 알 수 있다. 즉, 2002년 총선 이후 2009년 총선까지는 초과의석 발생으로 완만한 증가세를 보이다가, 2013년 보정의석 방식이 도입되면서 가파른 증가세를 보이기 시작했다. 2013년 총선에서 초과의석과 보정의석을 합산하여 631석이었던 총의석은 2017년 총선에서는 709석, 2021년 총선에서는 736석으로 증가하였다.

2013년 독일 총선 이후 총의석이 급증한 이유는 초과의석과 보정의석 때문이지만, 증가 규모로 보면 초과의석보다는 보정의석의 영향이 더 큰 것으로 나타났다. 2013년 총선의 초과의석은 4석, 보정의석은 29석이었으나, 2017년 총선에서는 초과의석 46석, 보정의석 65석, 2021년 총선에서는 초과의석 11석, 보정의석 127석이었다.

〈그림 2-3〉 역대 독일 총선 의석수(1949~2021)

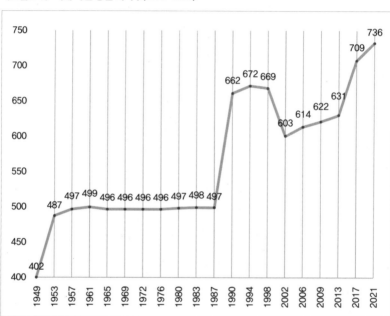

1949년부터 1990년까지 서베를린(West-Berlin)에서 선출된 의원의 수는 제외되었다.

2013년 총선 이후 선거제도 개혁논의

개정된 선거제도의 보정의석모델은 의석배분에 참여한 모든 정당이 득표에 따른 공정한 의석을 배분받는 방식이었다. 그러나 의원정수 확대는 국민의 조세부담을 증가시킬 뿐만 아니라 의회의 효율적 운영을 방해한다. 또한 선거 때마다 유동적인 의원정수는 선거제도의 불안정을 초래해 의회에 대한 신뢰를 저하시킨다. 각 정당은 의원정수 확대를 억제할 수 있는 다양한 해법을 제시했다.

기민·기사당(CDU·CSU)은 인물화된 비례대표제(personalized proportional representation system)의 틀 안에서 의원정수 확대를 초래하는 원인을 제거하는 방향으로 선거법 개정이 이루어져야 한다는 입장이다.[40] 이를 위해 현행 기본법상 허용되는 범위인 15석까지는 초과의석을 인정하되, 총의석 상한을 정하거나 지역구의석을 축소하는 것은 위헌소지가 있어 타당하지 않다고 본다.

특히, 지역구의석 축소는 지역구 주민의 대표성 약화를 근거로 반대한다. 기민당과 동일 교섭단체를 구성하고 있는 기사당도 바이에른주(州)에서만 후보를 추천하고 지역구의석 위주로 의석을 확보하기 때문에 지역구 축소에는 동의하지 않는다. 기사당은 지역구의석은 유지한 채 총의석을 650석으로 제한하는 방안을 제안한 바 있다.[41] 사민당(SPD)은 기민·기사당과 같이 인물화된 비례대표제를 유지해야 한다는 입장이지만, 15석까지 초과의석을 인정하는 방안은 물론 야3당(자민

---

40 기민당 일부에서는 병립형(mixed member majoritarian)을 대안으로 주장하는 목소리도 있다.

41 기사당의 '650석 모델'은 지역구 299석과 비례대표 351석으로 초과의석과 보정의석을 배분하는 방식이다.

당, 좌파당, 동맹90·녹색당)이 주장하는 지역구의석의 과도한 감축(299 →
250)[42]에도 반대한다. 그 대신 의원정수를 690석으로 제한하는 경과규
정[43]을 도입하여 내년 총선에 적용한 후, 선거법 개혁위원회를 구성하
여 장기적인 대안을 마련할 것을 제안한다. 사민당의 690석 안은 초
과의석의 보정의석을 허용하되 690석을 넘지 않도록 제한하는 방안
이다.

따라서 보정되지 않는 초과의석(지역구의석)은 지역구득표율이 가장
낮은 순으로 탈락시킨다. 좌파당(Linke)은 사민당이 제안한 '690석 상
한방안'에 대해 경과규정으로 논의해볼 수 있다는 의견을 밝혔다. 다
만, 기민·기사당의 '15석 초과의석 무(無)보정 방안'에 대해서는 기민·
기사당에게 일방적으로 유리하다는 점을 들어 반대한다. 대안당(AfD)
은 지역구의석을 정당득표율에 따른 배분의석에 맞추는 '지역구 삭제
방안'(Kappungsmodell)을 제안한다.[44] 녹색당(Grüne)은 지역구의석 축소

---

42 야3당의 개정안(2019.11.7.)은 지역구의석을 299석에서 250석으로 축소하는 대
신 총의석을 598석에서 630석으로 확대하는 방안이다. 또한 '주별 의석할당' 대신
'정당별 할당'으로 변경하여 보정의석 배분을 최소화하는 방안이다. Gesetzentwurf
der Fraktionen FDP, DIE LINKE und BÜNDNIS 90/DIE GRÜNEN(BT-Drs.
19/14672).

43 사민당의 '690석 상한모델'(Deckelungsmodell)은 현행처럼 초과의석과 보정의석을
허용하지만, 초과의석에 대한 보정의석 배분이 690석을 넘지 않도록 하는 방안이
다. 초과의석에 대한 보정의석 배분이 690석 안에서 이루어져야하기 때문에 초과의
석의 일부를 탈락시키는 방안이다. 사민당은 초과의석의 해법으로 동일 정당의 다
른 주(州)에서 비례의석을 감산하는 '주간 상쇄'를 논의한 바 있으나 비례의석이 적
은 브레멘이나 함부르크 주의 경우 문제가 될 수 있다는 지적이 제기되었다.

에는 찬성하지만 비례대표를 축소하는 방안에는 반대한다. 그러나 사민당의 총의석상한모델(690석)에 대해서는 긍정적으로 평가한다.

요컨대, 지역구의석 점유율이 높은 거대정당은 지역구축소에 반대하고 소수정당들은 비례대표소에 반대한다. 거대정당 중에서도 다수의 초과의석이 발생하는 기민당은 일정 규모의 초과의석을 보정의석 없이 배분하는 방식을 선호한다. 보정하게 되면 다른 정당의 비례의석이 늘어나기 때문이다.

사민당이 제안하는 '690석 상한방식'의 경우도 초과의석의 삭제를 전제로 하지만, 기민당보다 초과의석이 적게 발생한다는 점을 고려하면 사민당에게 손실이 발생할 가능성은 상대적으로 낮다. 거대 양당을 제외하면 야당은 모두 대안당의 지역구삭제방안에 긍정적이다.

〈표 2-19〉 정당별 연방선거법 개정안 주요 내용

구 분	내 용	비 고
기민·기사당	초과의석 15석까지 보정 없이 허용	기사당은 650석 상한모델
사민당	총의석 상한 690석 설정	690석까지만 초과의석 보정
대안당	주별 할당에 지역구의석 조정	개방형 명부제 도입
좌파당	지역구 상한 설정	총의석 630석, 지역구 250석, 주별 의석할당 폐지
동맹90·녹색당	지역구 축소 또는 상한 설정	
자민당	의석수 감축	

44 https://www.bundestag.de/dokumente/textarchiv/2020/kw20-de-aktuelle-stunde-wahlrechtsreform-695542(검색일: 2020.5.14.).

각 정당의 선거법 개정안은 기민·기사당과 사민당의 정부안과 대안당을 제외한 좌파당과 녹색당, 자민당의 야3당안이 대립하는 국면에서 합의에 도달하지 못하여 단일안 도출에 실패하였다. 여야간 선거법 합의가 무산된 후 2020.8.10. 여당안이 하원에서 찬성 362명, 반대 281명, 기권 8명으로 통과되어 2021년 9월 26일 실시되는 제20대 독일 총선의 선거제도로 확정되었다.

2020년 선거법 개정: 전면보정에서 부분보정으로

독일 의회는 2013년 보정의석모델 도입 후 의석확대를 억제하기 위해 '의석수 상한 630석 방안'[45] 등 의회차원에서 다양한 개선방안을 논의하였으나 실현되지 못했다. 2017년 총선으로 출범한 제19대 의회에서도 현 볼프강 쇼이블레(Wolfgang Schäuble) 하원의장이 각 정당의 전문가들이 참여하는 선거제도 개혁 워킹그룹을 구성하여 개혁논의를 지속했으나 교섭단체간 합의 도출에 실패했다.[46] 2020년 「연방선거법」

---

45 Lammert, Nobert, 2016, "Vorschlag des Bundestagspräsidenten Lammert zur Wahlrechtsreform," https://www.bundestag.de/resource/blob/418390/32adcebc 780611d4aaa61e39f5a92059/kw15_wahlrechtsreform_vorschlag-data.pdf(검색일: 2021.10.12.).

46 Naumann, Florian, "Nach Flop um Wahlrechtsreform: Schäuble verteidigt seinen Vorschlag als ausgewogen," https://www.merkur.de/politik/wahlrechtsreform-schaeuble-verteidigt-seinen-vorschlag-als-ausgewogen-zr-12102373.html(검색일: 2021.10.12.).

개정은 2013년 이후 지속되어온 개혁논의가 마침내 법제화의 결실을 맺은 것이라 할 수 있다.

2020년 개정 「연방선거법」에 따른 새로운 의석배분방식은 초과의석과 보정의석을 축소하는데 있다. 이를 위하여 1단계로 주단위 보정을 실시하는데, 특정 정당이 A주에서 초과의석이 발생하면 해당 정당의 B주에 있는 비례의석을 줄이는 방식이다('주(州)간 상쇄'). 예컨대, 사민당의 니더작센 주(州)에서 초과의석이 발생하면 브란덴부르크 주의 비례의석을 감산하여 초과의석을 상쇄하는 것이다. 이 경우 전국단위로 선거에 참여하는 정당의 경우에는 효과가 있으나, 특정 주(州)의 선거에만 참여하는 경우에는 적용되지 않을 수 있다. 예를 들어, 기사당(CSU)은 16개 주(州) 중 바이에른 주에서만 후보를 출마시키고 정당명부를 제출한다. 이 경우 바이에른에서 초과의석이 발생하면 이를 보정할 수 있는 다른 지역이 없게 된다.

'주간 상쇄' 후에는 연방 단위에서 보정의석을 배분하여 잔여 초과의석을 보정한다. 앞에서 '초과의석 상쇄'가 초과의석 수만큼 비례의석을 감산하는 것이라면, '초과의석 보정'은 초과의석으로 초래된 불비례를 보정하여 초과의석이 발생하기 전의 상태로 만들어주는 것을 의미한다.

따라서 초과의석을 보정하기 위해서는 각 정당의 득표율에 비례하도록 보정의석을 추가로 배정함으로써 득표율과 의석률을 일치시켜야 한다. 다만, '2차 보정' 단계는 잔여 초과의석 전부가 아닌, 3석은 제외하고 보정한다. 초과의석 3석에 대해서 보정하지 않는 이유는 그로 인한 보정의석의 발생을 막기 위한 것이다.

2020년 개정된 의석배분방식은 기존 방식과 비교하면, 인구비례로 총의석을 16개 주별로 할당한 후, 주단위에서 정당별 배분의석을 득표율에 따라 정하는 방식은 동일하다. 그러나 기존 방식이 모든 초과의석에 대해 보정의석을 전면적 비례대표제가 되도록 배분하는 반면, 개정 방식은 일부 초과의석에 대해서는 '주간 상쇄'를 통해, 초과의석 3석에 대해서는 보정을 실시하지 않는 방식을 적용한다.

〈표 2-20〉 의석배분방식 변화

기존 방식	개정 방식
• 1단계: 기본의석 598석(지역구 299석 : 비례대표 299석)을 16개 주에 인구비례 할당	• 1단계: 598석(지역구: 299석+비례대표: 299석)을 16개 주에 인구비례 할당
• 2단계: 선거 후 598석을 각 정당이 획득한 정당득표율에 따라 개별 주(州)에 정당별 의석수 설정	• 2단계: 선거 후 598석을 각 정당이 획득한 정당득표율에 따라 개별 주에 정당별 의석수 설정
• 3단계: 정당의 주(州)별 할당의석을 넘는 초과의석 확정	• 3단계: 정당의 주별 할당의석보다 지역구의석이 많아 초과의석이 발생하면 초과의석 중 일부 상쇄
• 4단계: 전국단위에서 모든 정당의 득표율과 의석점유율이 일치되는 지점까지 보정의석 배분	• 4단계: 전국단위에서 잔여 초과의석에 대한 보정을 실시하되, 마지막 초과의석 3석에 대해서는 보정에서 제외
• 5단계: 전국단위에서 보정이 완료된 정당별 최종의석을 각 주에 하위배분	• 5단계: 전국단위에서 보정이 완료된 정당별 최종의석을 각 주에 하위배분

따라서 2020년 개정된 「연방선거법」은 기존의 '전면 보정'에서 '부분 보정'으로 변경한 것이라 할 수 있다. 이는 보정의석모델의 큰 틀은 유지하되, 부분적 보정을 실시함으로써 의원정수의 과도한 확대를 어느 정도 억제하기 위한 목적이다.

이밖에도 개정 선거법은 의원정수 확대 문제에 대한 실효성 있는 해법을 강구하기 위해 선거개혁위원회 설치·운영[47]과 2025년 총선부터 적용될 지역구의석 축소와 비례의석 확대를 규정하고 있다.

〈표 2-21〉 초과의석 처리

기존 방식	개정 방식
연방단위 전면보정 (「연방선거법」 제6조 제1항~제7항)	• 총의석 확대 억제를 위해 초과의석을 '주(州)간 상쇄'와 '정당간 보정, 무(無)보정' 실시(「연방선거법」 제6조 제5항 제2~4문) • 초과의석발생 시 일부 상쇄, 잔여 초과의석은 보정 실시. 보정의석 설정은 득표율과 의석점유율 일치하는 지점에서 결정, 무(無)보정은 '마지막' 초과의석 3석 • 선거개혁위원회 설치·운영(「연방선거법」 제55조) • 지역구의석 축소(299 → 280), 비례의석 비율 확대. 2025년 총선 적용(「연방선거법」 제1조 제2항)
2013년 총선, 2017년 총선	2021년 총선 적용

2021년 독일 총선 결과

2021.9.26. 실시된 제20대 독일 연방하원선거는 지난 2020년 개정된 「연방선거법」[48]에서 마련된 새로운 의석배분방식이 처음으로 적용

---

47 개정 「연방선거법」 제55조는 선거개혁위원회를 구성하여 2023년 6월 30일까지 최종보고서를 제출하도록 규정하고 있다. 이에 따라 2021년 6월 23일 연방하원은 개혁위원회 설치를 의결했고 위원장과 위원을 선임했다. 위원장은 성평등 실현의 취지에서 기민당과 사민당 소속 남성의원 1인과 여성의원 1인이 선출되었다. 위원은 하원의원 9인과 선거제도 전문가 9인으로 구성되었는데, 하원의원의 정당별 구성은 기민·기사당 3인, 사민당 2인, 대안당, 자민당, 좌파당, 녹색당 각 1인이며, 선거제도 전문가는 교섭단체간 협의로 법학자와 전직 의원으로 선정되었다.

되는 선거였다. 총선 결과, 의원정수는 2017년 총선에 이어 또 다시 역대 최고치를 경신했다.

총의석은 736석으로 지난 총선 대비 27석이 증가했다. 기민당은 지난 총선보다 48석이 줄어든 152석을 획득한 반면, 사민당은 53석이 증가한 206석을 얻어 원내 제1당이 되었다.

2017년 총선에서 94석을 획득해 제1야당으로 부상한 대안당(AfD)은 2021년 총선에서는 11석이 줄어든 83석에 그쳤고, 자민당(FDP)은 92석을 얻어 2017년 총선보다 12석이 증가했다.

소수정당 중 좌파당과 녹색당의 의석점유가 크게 대비된다. 좌파당은 2017년 총선보다 30석이 줄어든 39석을 얻는데 그친 반면, 녹색당은 무려 51석이 증가한 118석을 차지해 사민당과 기민당에 이어 원내 제3당으로 약진했다.

기민당의 자매정당인 기사당은 2017년 총선 대비 1석 줄어든 45석을 기록했고, 남쉴레스비히유권자연합(SSW)은 이번 선거에서 60여 년

---

48 2020.11.14. 개정된 「연방선거법」은 초과의석의 '주(州)간 상쇄'와 '연방단위 부분보정'을 핵심 내용으로 한다. 기존에는 초과의석이 1석이라도 발생하면 그에 따른 불비례를 해소하기 위해 보정의석을 모든 정당에 부여하여 '전면적 비례제'로 변화시키는 방식이었다. 그러나 새로운 방식은 초과의석이 발생하면 주단위에서 일부 상쇄하고, 연방단위에서는 초과의석 3석에 대해서는 보정하지 않는 방법으로 총의석 증가를 억제하는 방식이다. 이외에도 개정 「연방선거법」은 2025년 총선부터 현재 1 : 1(299 : 299)인 지역구와 비례대표 의석비율을 1 : 1.4(280 : 318)로 변경하고, 선거개혁위원회를 발족하여 선거제도 개선 권고안을 제시하도록 하는 내용을 포함하고 있다.

만에 처음으로 1석을 얻어 원내 진입에 성공했다.[49]

〈표 2-22〉 2021년 독일 총선 결과

정당	기본 의석	지역구 의석	초과 의석	보정 의석	무(無)보정 초과	최종의석 (2017년 대비)
기민당	124	98	-	28	-	152(-48)
사민당	168	121	-	38	-	206(+53)
대안당	68	16	-	15	-	83(-11)
자민당	75	0	-	17	-	92(+12)
좌파당E)	32	3	-	7	-	39(-30)
녹색당	96	16	-	22	-	118(+51)
기사당	34	45	8	-	3	45(-1)
남슐레스 비히연합	1	0	-	-	-	1(+1)
계	598	299	8	127	3	736(+27)

2021년 독일 총선에서 특징적인 점은 법정 기본의석 598석에 추가
된 의석수가 2013년 보정의석모델이 도입된 이래 가장 많은 138석을
기록했다는 점이다.

또한, 초과의석 대비 보정의석 수가 가장 많이 발생했다는 점이다.
2013년 총선에서는 초과의석 4석에 대해 29석의 보정의석이 발생했
고, 2017년 총선에서 초과의석 46석에 대한 보정의석은 65석이었다.

---

[49] '남슐레스비히유권자연합(SSW)'은 슐레스비히-홀쉬타인(Schleswig-Holstein) 주
(州)의 덴마크계를 중심으로 조직된 지역정당이다. 「연방선거법」 제6조 제3항에
의해 의석할당정당에 요구되는 최소조건(지역구의석 3석 또는 정당득표율 5%)을
적용받지 않는다. 따라서 SSW는 2021년 독일 총선에서 득표율에 비례해 1석을 배
분받을 수 있었다.

2020년 총선의 경우, 초과의석 11석에 대한 보정의석은 127석이었다.

초과의석 11석 중 3석은 보정이 이루어지지 않는 '무(無)보정 초과의석'이기 때문에 초과의석 8석이 127석의 보정의석을 발생시켰다고 할 수 있다.

'주(州)간 상쇄'의 의석증가 억제효과

'주(州)간 상쇄'는 특정 정당의 한 주(州)의 지역구의석이 득표비례로 배분된 의석보다 많아 초과의석이 발생하는 경우,[50] 동일 정당의 다른 주(州)의 비례의석을 감산하여 초과의석을 상쇄하는 방식이다.

'주간 상쇄'는 준연동형의 정당간 상쇄와 동일한 원리이다. 주간 상쇄가 동일 정당 내에서 이루어지는 상쇄인 반면, '정당간 상쇄'는 서로 다른 정당간에 이루어지는 상쇄라는 점이 다를 뿐이다.

다만, 2021년 총선에서 '주간 상쇄'는 의석수 확대를 억제하는데 큰 효과를 보이지 못했다. 전체 초과의석 34석 중 23석이 '주간 상쇄'를 통해 조정되었으나, 기사당의 11석은 이 원칙이 적용되지 못했다.

---

50 이 초과의석은 확정된 초과의석이 아니기 때문에 '잠재적 초과의석'(potential overhang seat)으로 명명된다.

〈표 2-23〉 초과의석 처리

정당	기본의석	초과의석	주(州)간 상쇄	무보정	전국보정의석	최종의석
기민당	122	12	-	-	28	152
사민당	170	10	-	-	38	206
대안당	69	1	-	-	15	83
자민당	76	-	-	-	17	92
좌파당	32	-	-	-	7	39
녹색당	94	-	-	-	22	118
기사당	34	11	11	3	0	45
남슐레스비히연합	1	-	-	-	-	1
계	598	34	11		127	736

* 기본의석은 주(州)별 득표비례 의석의 총합임

  '바이에른 현상'이 발생하는 이유는 기사당이 바이에른 주(州)에서
만 후보자를 내기 때문이다.[51] 전국단위 보정의석 배분에서 기민당과
사민당, 대안당의 경우 '주간 상쇄'를 통해 모든 주의 득표율 총합이
적용되기 때문에 과대대표가 완화될 수 있었지만, 기사당은 바이에른
주(州)에서만 획득한 득표율이 그대로 적용되어 다른 정당에 비해 과
대대표[52]가 더 크게 나타나게 되었다.

  이러한 과대대표를 보정하기 위하여 전국적으로 104석을 추가로
증가시키는 결과를 가져왔다.

---

51 기민당과 연방하원에서 연합교섭단체를 구성하는 기사당은 독일 16개 州 중 바이
에른 주(州)에서만 후보를 추천하고 의석을 가져간다.

52 기사당은 정당득표율에 따른 배분의석 34석보다 11석이 많은 45석을 얻었다.

무(無)보정 초과의석의 효과

개정 「연방선거법」은 전국단위에서 보정의석을 배분할 때 마지막 초과의석 3석을 '무(無)보정' 상태로 남겨두도록 규정하고 있다. 이는 초과의석 3석이 발생시키는 보정의석이 배분되지 않도록 함으로써 전체 의석수를 그만큼 줄이려는 목적이다.

'무(無)보정 초과의석 3석'의 의석 감소효과는 시뮬레이션 분석을 통해 확인된다. 〈표 2-24〉에서 기사당의 초과의석 3석을 보정하지 않은 경우에는 총 의석이 733석이지만, 기사당의 초과의석 3석을 포함하여 보정의석을 산출하면 총 의석은 787석으로 54석이 추가로 증가한다.

기사당의 초과의석에 의해 발생하는 보정의석의 규모는 정당간 득표율과 의석점유율의 분포에 따라 달라지지만, 기사당의 초과의석 1석이 약 20석의 보정의석을 발생시킨다(Deutscher Bundestag 2016, 6-7).

〈표 2-24〉 '초과의석 3석 무보정'의 효과

정당	정당득표(%)	초과3석 무(無)보정	초과3석 보정	차이
기민당	8,775,471(20.7)	152	163	11
사민당	11,955,434(28.2)	206	221	15
대안당	4,803,902(11.3)	83	89	6
자민당	5,319,952(12.5)	92	99	7
좌파당	2,270,906(5.4)	39	42	3
녹색당	6,852,206(16.1)	118	127	9
기사당	2,402,827(5.7)	42	45	3
남슐레스비히연합	55,578(0.1)	1	1	0
계	42,436,276(100.0)	733*	787	54

*최종의석은 733석에 무보정 초과의석 3석을 합산한 736석이 됨

한편, 무(無)보정 초과의석 3석 규정이 평등선거의 원칙에 위배된다
는 지적이 제기된다. 2012년 독일 연방헌법재판소는 교섭단체 구성요
건인 총 의석의 2.5%에 해당하는 규모까지는 초과의석이 허용된다고
결정한 바 있지만, 보정하지 않는 초과의석을 3석으로 임의로 설정했
기 때문에 위헌이라는 것이다.

즉, 초과의석의 발생이 유권자의 자연스러운 투표행태에 따른 결과
라면 헌법에 위배되지 않지만 자의적인 설정으로 인해 초래되는 투표
가치의 불평등은 위헌이라는 주장이다.[53]

반면, 작센(Sachsen) 주(州)헌법재판소의 결정을 근거로 무보정 3석
규정이 합헌이라는 주장도 대두된다. 작센 주헌법재판소는 2021년 6
월 18일 초과의석에 대한 보정의석을 동수로 제한하는 현행 작센 주
의회선거제도에 대해 합헌으로 결정하였다.[54] 주의회선거제도가 초과
의석에 대해 보정을 제한한 것은 인물선거의 취지에 포함되므로 주헌
법에 부합한다고 판시하였다.

---

53 Schönberger Sophie. 2020, "Schriftliche Stellungnahme zur öffentlichen Anhörung
des Innenausschusses des Deutschen Bundestages am 5. Oktober 2020(BT-Drs.
19/(4)584)"; Behnke, Joachim, 2020, "Schriftliche Stellungnahme zur öffentlichen
Anhörung des Innenausschusses des Deutschen Bundestages am 5. Oktober
2020(BT-Drs. 19/(4)584)"; Vosgerau, Ulrich, 2020, "Schriftliche Stellungnahme zur
öffentlichen Anhörung des Innenausschusses des Deutschen Bundestages am 5.
Oktober 2020(BT-Drs. 19/(4)584)".

54 SächsVerfGH, Beschluss vom 18. Juni 2021 - Vf. 35-II-20 (HS), https://www.justiz.
sachsen.de/esaver/internet/2020_035_II/2020_035_II.pdf(검색일: 2021.10.15.).

주(州)간 대표성과 비례성

초과의석에 대한 '주(州)간 상쇄'는 비례의석을 감산하는 과정이지만 정당 내 주(州)단위에서 상쇄가 이루어지기 때문에 비례성을 저하시키는 결과를 가져오지는 않는다.

다만, 비례의석의 감소로 주(州)간 대표성의 불균형을 초래할 수는 있다. 그러한 이유로 개정 「연방선거법」은 '주간 상쇄' 단계에서 한 주(州)에서 감산하는 비례의석의 수가 해당 주(州)의 전체 비례의석 중 절반을 넘지 않도록 제한한다.

초과의석을 상쇄하기 위해 한 주(州)에서 감산하는 비례의석이 너무 많으면 인구비례로 할당된 주별 의석수의 변동으로 '주간 대표성'의 균형을 훼손할 수 있기 때문이다.

그러나 '주간 상쇄'에 비례의석의 감산 규모를 제한하는 것은 초과의석의 상쇄 효과를 억제하게 된다는 점에서 비판하는 목소리도 있다.

또, 독일 「기본법」 제38조제1항에 명시된 평등선거의 원칙은 주(州)단위가 아닌 전국단위에서 행사된 투표의 성과가치가 갖는 평등에 본질적 중요성을 부여해야 한다는 점에서 '주간 상쇄'를 위한 비례의석 제한은 타당하지 않다는 견해도 있다.[55]

---

55 Schröder, Jerome. 2020. "Die „Reform" des Bundestagswahlrechts: geringe Wirkung, großer Schaden." https://www.juwiss.de/123-2020/(검색일: 2021.10.15.).

한편, 비례성의 측면에서 본다면 '주간 상쇄'보다는 '초과의석 3석 무(無)보정'이 비례성에 상당한 영향을 미칠 수 있다. 2021년 총선에 무보정이 적용되는 초과의석이 비록 3석에 불과하지만 그 영향력은 매우 크다.

〈표 2-24〉의 시뮬레이션 결과가 보여주듯이 기사당의 초과의석 3석은 54석의 추가 보정의석을 발생시킬 수 있다. 초과의석 3석을 보정하기 위해 54석이 필요하다는 것은 '초과의석 3석 무(無)보정'이 54석에 해당하는 불비례성을 보인다는 것을 의미한다고 할 수 있다.

개정「연방선거법」의 초과의석 처리방식 중 '주간 상쇄'는 비례성의 저하를 초래하지 않으면서 초과의석을 효과적으로 상쇄할 수 있는 유의미한 수단으로 기능할 수 있다. 그러나 '주간 상쇄'로 초과의석을 효과적으로 상쇄하더라도 전국단위의 '정당간 보정'에서 기사당의 초과의석이 전체 보정의석을 결정하기 때문에 '주간 상쇄'는 초과의석 처리에 의미있는 기여를 하지 못했다.

7. 준연동형과 독일식 연동형 비교

준연동형 비례대표제는 독일식 연동형과 마찬가지로 지역구와 비례대표의 혼합식 선거제도이지만 의원정수, 비례대표 명부작성단위, 의석배분방식, 최소조건, 당선인 결정방식, 중복입후보 허용 여부 등에 있어서 차이를 보인다.

먼저, 준연동형은 300석으로 지역구와 비례대표의 비율이 5.3 : 1이지만, 독일의 연동형은 지역구와 비례대표가 1 : 1 비율인 598석을 기본정수로 한다. 독일의 경우, 실제 선거에서 기본정수에 초과의석과 보정의석이 더해져 의원정수가 현저히 늘어나게 된다.

비례대표 명부작성방식은 준연동형이 전국을 하나의 명부로 운영하는 반면, 독일의 연동형은 16개 주(州)를 단위로 하는 권역명부제를 운영한다. 연방하원의석 598석 중 소선거구 단순다수대표제 방식으로 선출되는 299석을 제외한 나머지 299석은 주(州)단위로 작성된 정당명부에 따라 비례대표제로 선출된다.

비례대표 배분방식의 경우 준연동형은 헤어-니마이어식을, 독일의 연동형은 셍뜨-라귀식을 사용한다. 연동형과 같이 정당의 지역구의석이 늘어나면 비례의석이 줄어드는 상쇄과정을 명확하게 파악하기 위해서는 셍뜨-라귀식이 바람직하다.

〈표 2-25〉 준연동형과 독일식 연동형 비교

구 분	준연동형	현행 독일식 연동형
의원정수 (지역+비례)	300(253+47)	598(299+299)+α
투표방식	1인 2표제 (지역구후보와 정당명부에 각각 1표)	
비례대표 명부작성단위	전국 (전국 단일명부)	16개 주(州) (주명부)
비례대표 배분방식	헤어-니마이어식	셍뜨-라귀식
최소조건	지역구 5석 또는 정당득표 3%	지역구 3석 또는 정당득표 5%

구분	준연동형	현행 독일식 연동형
당선인 결정방식	연동형과 병립형의 절충방식(정당득표율로 배분의석(지역구+비례) 결정 후 배분의석의 절반은 연동형, 나머지는 병립형 적용)	• 지역구와 비례대표의 연동형(정당득표율로 배분의석(지역구+비례) 결정 후 지역구의석과 비례대표의석을 순차적으로 채움 • 초과의석이 발생하면 주간 상쇄 후 연방단위에서 초과의석 3석은 보정의석 배분에서 제외
중복입후보	허용하지 않음	허용

당선인 결정방식의 경우, 준연동형이 초과의석을 정당간 상쇄를 통해 의원정수를 유지하는 반면, 독일 연동형은 초과의석을 '주간 상쇄'와 '3석 무보정'을 통해 의원정수 확대를 일부 억제하는 효과를 보인다.

21대 국회의원선거에서 미래통합당과 더불어민주당은 각각 위성정당인 미래한국당과 더불어시민당을 창당하여 지지자들에게 전략적 분할투표(strategic split-ticket voting)를 하도록 유도하여 다수의 비례의석을 확보할 수 있었다. 그로 인해 준연동형의 취지는 사라지고 기존의 병립형과 동일한 결과를 보였다.

독일 연동형의 '주간 상쇄'와 '초과의석 3석 무보정'의 경우 기존 보정의석모델이 보인 의원정수의 급격한 증가를 어느 정도 억제하는 효과를 가져온 것은 사실이다. 2020년 개정 선거법이 적용된 2021년 독일 총선은 무보정 3석의 효과를 입증했다.

그러나 기사당의 과대대표가 보정의석의 규모를 결정하는 독일 연동형의 구조에서 현행 방식은 의원정수 확대를 억제하는데 한계를 가질 수밖에 없다. 독일 연동형에서 의원정수 확대를 실효적으로 억제하기 위해서는 지역구의석의 비율을 낮게 설정하여 초과의석의 발생 가능성을 원천적으로 억제할 필요가 있다. 지역구의석을 축소하면 기사당이 과대대표로 인한 의석확대를 막을 수 있다. 또한 인위적인 의석 상한선을 설정함으로써 보정의석 배분을 직접적으로 차단하는 방법도 실효적이다.

그러한 점에서 2021년 독일 총선으로 사민당·녹색당·자민당의 신호등연정[56]이 출범함에 따라 그동안 수면 아래에 있던 사민당과 자민당·녹색당의 선거제도 개선방안이 논의될 가능성이 있다. 사민당은 총의석을 690석으로 제한하는 방안(690석 캡방식)을, 자민당과 녹색당은 지역구를 250석으로 축소하고, 비례의석을 348석으로 늘여 초과의석의 발생확률을 낮추는 방안[57]을 제안한 바 있다. 이 방안들은 현행 초과의석 억제방안보다 더 큰 효과를 보일 수 있어 어떤 내용으로 향후 보완이 이루어질지 주목된다.

독일의 연동형 논의가 의원정수 확대를 억제하는 방안을 모색하는 데 초점을 두고 있다면, 우리의 연동형 논의는 위성정당의 창당을 억제하는 방안에만 집중되어있다. 그러나 위성정당 문제에 대한 해법 외

---

56 신호등연정은 세 당을 상징하는 색깔이 신호등 색깔(빨강: 사민당, 초록: 녹색당, 노랑: 자민당)과 같아서 붙여진 이름이다.

57 이 방안은 연방하원 총의석 598석(지역구 299, 비례 299)에서 지역구의석을 비례의석(348석)의 40%인 250석으로 설정하는 방식이다. 이 방식은 초과의석의 발생을 최소화하는 이상적인 비율로 간주된다. 그러나 지역구의석의 비중이 감소할 경우 지역유권자와의 소통 및 반응성이 약화된다는 단점이 있다.

에도 비례성 제고를 위한 비례의석 비율 확대, 그리고 연동형의 작동원리인 상쇄 과정을 명확하게 파악할 수 있는 셍뜨-라귀식의 도입도 필요하다.

8. 연동형 도입의 바람직한 설계 방향

2020년 국회의원선거에서 독일식 연동형을 병립형에 접목한 준연동형이 대한민국 선거사상 최초로 도입되었다. 그러나 제도의 복잡성 때문에 준연동형의 작동원리와 의석배분방식이 어려워 전문가들 사이에서도 난해한 제도로 평가된다. 그러나 준연동형의 복잡함 속에는 정교함보다는 오류가 숨어 있었다. 준연동형은 연동형의 기본적인 특징인 상쇄 메커니즘이 작동하지 않는 제도설계의 오류를 보인다. 준연동형은 배분의석에서 지역구의석을 감산하는 계산식은 만들었지만, 일부 비례의석에만 연동형이 적용되는 '50% 연동배분' 방식이고, 연동배분 의석수를 30석으로 줄이는 조정의석 산정과정으로 인해 상쇄가 작동할 수 없다. 상쇄가 작동하지 못하기 때문에 지역구의석이 증가해도 비례의석이 줄어들지 않고 오히려 총의석이 늘어나는 전형적인 병립형의 특성을 보이는 것으로 나타난다.

준연동형이 본래 의도했던 대로 연동형과 병립형을 결합시키려면 연동형과 병립형이 적용되는 의석을 명확히 구분했어야 했다. 즉, 지역구의석 253석과 비례의석 30석을 대상으로 연동형을 적용하고 비례의석 17석은 별도로 병립형을 적용하는 방식이어야 했다.

준연동형에서 비례의석을 산출하는 방식이 오류를 보인다는 사실은 가볍게 볼 수 있는 문제가 아니다. 연동형의 오류로 인해 잘못 배분되는 의석규모 자체가 크지 않다고해도 의석배분이 비례적이지 않은 결과를 보인다는 점은 심각한 흠결이다. 연동형에서 의석배분의 기본원칙은 정당득표율인데, 이 기준이 불규칙하게 작동하면 선거 때마다 공정성 시비가 끊이지 않을 것이다.

2024년 국회의원선거부터는 비례의석 47석이 전부 연동형으로 배분된다. '50% 연동배분'이 '100% 연동배분'으로 변경된다고해도 배분의석에서 지역구의석을 감산하는 방식과 연동배분단계에서 조정의석으로 축소하는 과정이 개선되지 않으면 상쇄 메커니즘은 온전히 작동할 수 없다.[58]

2024년 실시되는 국회의원 선거제도에서는 연동형의 효과를 보이는 스칸디나비아의 불비례보정방식이 적용되는 것이 바람직하다. 스칸디나비아식은 우리와 같이 지역구 대비 비례의석의 비율이 낮은 국가에서 적용하기 적합한 방식이다.

---

[58] 준연동형은 배분의석에서 지역구의석을 감산할 때 소수점 이하 숫자까지 산출하여 계산한다. 배분의석의 정수만 산출하여 지역구의석을 감산하여야 한다. 또한 연동배분의석을 30석에서 47석으로 확대해도 조정의석을 산출하는 과정이 필요한데, 이 과정에서 불비례가 발생한다. 이 책 〈표 2-8〉 '준연동형 적용 제21대 국회의원선거' 참조.

일각에서는 비례의석의 비율을 현행보다 현저히 높이지 않으면 초과의석이 과다하게 발생하여 연동형을 적용하기 어렵고, 적용하더라도 온전히 작동하지 않는다고 비판한다. 그러나 비례의석 비율이 낮으면 초과의석의 발생가능성이 높아지는 것은 맞지만, 스칸디나비아식을 적용하면 총의석의 증가 없이 지역구선거의 불비례를 보정하는 효과를 보일 수 있다. 다만, 지역구선거의 불비례에 대한 보정효과를 높이기 위해 지역구의석과 비례의석의 비율은 4 : 1(240석 : 60석) 수준으로 상향조정할 필요가 있다.

:: **의석비율 4 : 1(240석 : 60석) 적용 시뮬레이션**
현행 지역구의석 253석을 기준으로 4 : 1 비율의 비례효과를 측정하기 위해 비례의석을 63석으로 설정하여 시뮬레이션하면 소수정당의 의석점유율 증가로 지역구선거의 불비례 보정효과가 선명하게 나타난다. 연동형 시뮬레이션이 가능하기 위해서는 지역구의석이 현행 248석과 동일한 숫자이어야 한다. 즉, 지역구의석 248석의 1/4에 해당하는 63석을 비례의석으로 설정한다.

준연동형에서는 초과의석의 발생으로 거대정당에 비례의석이 돌아가지 못하는 이른바 '비례의석 제로(0) 현상'이 문제로 지적된다. 그러나 연동형 방식에서 지역구의석 점유율이 높은 정당이 비례의석을 얻지 못하는 것은 당연하다. 연동형은 정당득표율을 기준으로 정당의 의석을 정하는 방식이다. 병립형에서는 정당득표율이 비례의석만 결정하지만, 연동형은 정당득표 결과가 정당의 총의석을 정하는 방식이기 때문이다. 오히려, 거대정당의 비례의석 제로 현상은 거대정당이 득표율보다도 더 많은 의석을 가져간 것을 의미하므로 거대정당이 불만을 가질 문제가 아니다. 더욱이 거대정당의 초과의석 의석과점으로 인한 의원정수 확대를 막기 위해 소수정당의 비례의석이 그만큼 줄어들게 된다는 점을 고려하면 거대정당에게는 상대적으로 더 큰 이익을 의미한다.

준연동형은 초과의석이 의원정수 증가로 이어지지 않도록 설계되었는데, 그 원리가 스코틀랜드와 웨일즈에서 사용하는 초과의석 차단 방식과 유사하다. 그러나 스코틀랜드 방식의 경우 지역구선거의 불비례성 보정이 권역 단위에서 이루어지기 때문에 전국단위에서 의석보정이 이루어지는 국가사례보다 보정효과는 낮다. 그에 비해 스칸디나비아식은 지역구선거의 불비례를 전국단위에서 보정한다는 점에서 우리에게 더 적합하다고 할 수 있다. 스칸디나비아식은 비례대표제로 분류되지만 비례대표 의석배분을 지역구 의석 점유와 연계하기 때문에 연동형의 효과를 보인다.

독일의 경우, 지역구선거의 불비례를 모든 정당의 의석점유율을 정당득표율과 일치시키는 방법으로 해결하였으나, 그에 따른 의원정수 확대와 유동성 증가가 문제점으로 대두되고 있다. 2020년 의원정수 확대를 억제할 수 있는 「연방선거법」 개정이 이루어졌으나 여전히 부분적인 효과에 그쳐 '총의석 상한 설정'이나 '비례의석 비율 확대' 등의 대안이 논의되고 있다. 그러나 독일의 해법 모색은 우리의 연동방식이 검토해볼 수 있는 방향과는 분명히 다르다. 예컨대, 독일은 지역구와 비례대표의 혼합제이지만 비례대표제를 근간으로 한다. 그러나 우리는 지역구의석이 압도적인 비중을 차지하고 있는 지역구 위주의 의석 구성을 보인다. 또한 독일은 불비례의 원인인 초과의석의 발생과 그에 따른 보정의석 부여를 '상당한 수준'으로 용인한다. 반면, 우리는 초과 의석 발생으로 초래되는 불비례보다 의원정수 증가를 더 심각한 문제 로 인식한다. 의원정수 증가가 1~2석에 불과해도 수용되기 어렵다. 따 라서 우리의 경우 그러한 차이를 고려한 대안 모색이 필요하고, 지역 구선거의 불비례를 비례의석 수만큼 보정하는 스칸디나비아식 불비례 보정형이 적합하다고 할 수 있다.

준연동형과 관련하여 지적되는 또 다른 문제점은 대통령제와의 정 합성이다. 연동형 비례대표제는 다당제를 촉진하기 때문에 대통령의 국정운영이 효율적으로 추진되기 어려워 대통령제 정부형태와 부합하 지 않다는 논리이다(Jones 1996). 그러나 정당체계와 정부형태의 상관 관계는 획일적인 잣대로 판단하기 어렵다. 연동형이 반드시 다당제로 귀결된다고 단정할 수 없다. 국가적 상황과 전통, 제도적 특성 등의 영 향요인에 따라 달라질 수 있다. 예컨대, 연동형을 실시하는 뉴질랜드 는 처음에 다당제였으나 다시 전통적인 양당제로 복귀했다. 원래 양당 제 전통이 강한 나라여서 연동형 비례대표제를 도입했음에도 시간이 지나면서 양당제로 수렴되었다는 점이다. 독일의 경우 연동형 비례대 표제가 다당제로 이어진 것은 정치문화적으로 다당제의 전통이 강한 독일의 특성 때문으로 볼 수 있다.

또한 의회선거제도가 비례대표제일 때 대통령제보다는 의원내각제

정부형태와 결합하는 것이 유의미하다는 논리를 따르더라도, 다수대표제적 성격이 강한 스칸디나비아식 불비례보정방식에는 대통령제가 바람직하다. 대통령제와 결합하는 의회선거제도는 순수 비례대표제보다 불비례보정방식의 연동형이 적합하다. 순수 비례대표제의 경우 지역을 대표하는 지역구의원이 없기 때문에 이보다는 비례성을 높이는 동시에 지역의 이익도 대변할 수 있는 연동형이 바람직하다(Strohmeier 2006, 421).

:: **의회선거제도와 정부형태**

대통령제	다수제	미국, 칠레
	비례제	니카라과, 도미니카공화국, 러시아, 브라질, 아르헨티나, 카자흐스탄, 콜롬비아, 키르키즈스탄, 타지키스탄
	혼합제	과테말라, 멕시코, 베네수엘라, 아르메니아, 에콰도르, 온두라스, 우크라이나, 조지아, 파나마, 한국
이원정부제	다수제	프랑스
	비례제	오스트리아, 핀란드
의원내각제	다수제	영국, 캐나다
	비례제	그리스, 네덜란드, 노르웨이, 뉴질랜드, 덴마크, 독일, 라트비아, 룩셈부르크, 리투아니아, 벨기에, 스웨덴, 스위스, 스페인, 슬로바키아, 슬로베니아, 아이슬란드, 아일랜드, 에스토니아, 이스라엘, 이탈리아, 일본, 체코, 터키, 포르투갈, 폴란드, 핀란드, 헝가리, 호주

PART 3
대통령선거제도 개선방안

1. 결선투표제 도입 논의

과반득표자가 생성되기 힘든 이유는 선거를 앞두고 후보단일화가
쉽지 않기 때문이다. 집권당의 후보와 야당의 후보가 대결하는 1 : 1
의 구도가 만들어진다면 문제가 없지만, 후보단일화가 무산될 경우 표
가 분산되어 과반 당선인이 나올 수 없다. 1987년 제13대 대선이 후보
단일화 실패의 대표적인 사례이다. 당시 야권의 김대중 후보와 김영삼
후보는 후보단일화에 실패하여 지지표가 분산되었고, 결국 집권당인
민주정의당의 노태우 후보가 당선되었다. 득표율로만 본다면 야권의
두 후보가 단일화에 합의했다면 여권의 후보를 이겼을 것이라는 추측
이 가능하다. 또 후보간 단일화가 이루어지더라도 성사되기까지 난항
을 겪거나 소모적 협상이 반복되기도 한다. 이는 유권자의 후보선택을
어렵게 하고 정책선거의 실종으로 이어진다.

이러한 배경에서 결선투표제[59]가 개선방안으로 논의되고 있다. 결
선투표제는 1차 투표에서 과반 득표자가 없을 경우 최다득표자 2인을

---

59 결선투표제는 run-off vote, two-round system(TRS), second ballot으로도 불린다.

대상으로 2차 결선을 실시하는 방식이다. 후보간 경선을 통해 단일화가 어려운 상황에서 단일화를 제도적으로 보장하기 때문에 과반득표자가 만들어질 수 있다.

결선투표제는 그동안 헌법 개정과 권력구조 개편의 차원에서 정치권과 학계의 관심의제로 다루어져왔다. 그러면서 2012년 18대 대통령 선거의 선거운동과정에서 야권의 후보가 공약으로 제시하면서 정치권의 핫이슈로 부상하기 시작하였다.

2012년 19대 국회에서부터 결선투표제 도입을 내용으로 하는 「공직선거법」 개정안이 지속적으로 발의되었으며,[60] 시민사회단체를 중심으로도 도입 논의가 확산되고 있다. 문재인 정부에서도 결선투표제를 대통령 당선인의 취약한 대표성을 해소할 수 있는 해법으로 인식하고, 2017.7.19. 국정개혁 5개년계획의 정치분야 개혁과제로 선정하였다.

그러나 결선투표제에 대한 반대의견도 적지 않다. 인위적 과반 형성으로 적지 않은 문제점을 노정하는 선출방식이라는 지적과 함께, 선거가 두 번 실시됨에 따른 과다한 비용 지출과 투표관리의 문제, 후보 난립 가능성 등과 같은 부정적 측면도 제기된다. 또한 제도 도입의 방법 및 절차에 관한 이견도 존재한다. 일각에서는 결선투표제 도입을 위해서는 헌법개정이 필요하다는 입장인 반면, 헌법 개정 없이 「공직선거법」 개정만으로도 가능하다는 견해도 있다.

---

60 19대(2012~2016): 2건, 20대(2016~2020): 3건, 21대(2020~2024): 3건.

2. 결선투표제의 특징

결선투표제는 1차 투표에서 과반의 득표율을 얻은 후보가 없을 경우 다득표자 2인을 대상으로 결선투표를 실시하고 여기서 최다득표자를 당선인으로 결정하는 방식이다. 당선기준이 전체 유효득표의 50%로 설정된다는 점에서 다수대표제 중에서도 절대다수대표제의 당선인 결정방식을 채택하고 있다고 볼 수 있다.

결선투표제의 일반적 절차는 다음과 같다. 1차 투표 결과, 최다득표자의 득표수가 과반을 넘을 경우 그를 당선인으로 결정한다. 그러나 과반 득표자가 나오지 않을 경우, 다수표를 얻은 2인의 후보자를 대상으로 재투표를 실시하여 그 중 상대다수를 차지한 후보자를 당선인으로 결정하게 된다.

2차 투표에서는 1차 투표에서 일정한 득표율 이상을 획득한 자로 후보자격을 제한하는 국가도 있지만, 일반적으로는 득표율과 무관하게 최다득표자 2인을 대상으로 한다. 또 2차 투표에서 당선인은 과반 득표를 요구하지 않는 것이 일반적이지만, 과반 이상의 득표를 당선기준으로 설정하는 국가사례도 있다.

2차 투표에서도 과반 이상의 득표자가 없을 경우 과반의 득표자가 나올 때까지 재투표를 반복하는 국가도 있다. 이처럼 결선투표제는 국가마다 운영방식을 조금씩 달리 하지만 당선인이 민주적 정당성을 확보하는 수준의 지지표를 획득할 수 있도록 하는데 있다고 볼 수 있다.

결선투표제는 당선인의 대표성을 강화함으로써 민주적 통치성 (democratic governability)을 제고한다. 경험적 연구에서 나타나듯이 결선투표제는 다수대표제보다 정당과 후보자의 수를 증가시키므로 다양한 정당스펙트럼과 정치세력의 존재를 보장해줄 수 있다(Mainwaring et al 1997).

또한 결선투표제는 단순다수대표제의 단점, 즉 과반다수에 못 미치는 득표율로도 당선자가 결정되는 대표성의 문제를 극복할 수 있으며, 2단계 투표를 거침으로써 다당제 국가들에서 정당간 연합형성을 용이하게 하여 정치적 안정을 도모할 수 있다는 장점도 있다.

결선투표제에서는 인물도 중요하지만 정당간 연대가 중요하므로 정책선거의 가능성을 제고시킬 수 있다. 단순다수대표제와 같이 한 번의 선거결과로 당선인이 결정되는 투표방식에서는 사표에 대한 우려로 투표를 기피할 수 있다. 그러나 결선투표제에서는 유권자의 선택이 한 번으로 끝나지 않고 결선에서 새로운 후보배열(candidate formation) 하에 재투표가 가능하기 때문에 유권자의 투표참여를 확대하는 효과도 있다(김종갑 외 2012, 2).

결선투표제는 극단적인 성향의 후보를 배제시키는 메커니즘으로도 기능할 수 있다. 2002년 프랑스대선에서 극우정당인 국민전선의 르펜 (Le Pen)은 16.9%로 1차 투표에서 2위를 차지하여 자크 시라크 후보와 결선에 진출하였으나 17.8%라는 미미한 득표율로 탈락하였다. 이처럼 결선투표제에서는 르펜과 같은 극단적 성향의 정당후보가 당선되는 것을 억제하고 정당간 연합을 통해 정치가 분극적으로 치우치는 것을 차단하는 효과가 있다.

또 후보의 지리적 대표성을 구현하는 장점도 있다. 단순다수대표제에서는 최다득표자 1인이 한 번의 선거로 당선되기 때문에 다수의 후보들이 대표하는 지역의 대표성은 약화될 수밖에 없지만, 결선투표방식에서는 후보의 지리적 대표성이 보다 선명하게 나타난다고 할 수 있다.

반면, 결선투표제는 두 번에 걸쳐 투표를 실시하므로 선거비용의 증가와 선거관리의 어려움이 단점으로 대두된다. 정당의 이합집산이 잦은 국가나 정당체제가 불안정한 국가의 경우 1차 투표에서 후보자 난립으로 인한 혼란이 야기될 수 있다.

또한 결선투표제에서는 유권자의 정치적 선택의 적실성에 대한 비판이 제기될 수 있다. 유권자는 1차 투표에서 선택한 후보자를 2차 투표에서 찾지 못하면 1차 투표에서 선택한 후보자와 정치적 성향이 유사한 후보자에게 투표할 수밖에 없다. 유권자가 처음에 선택했던 후보자가 아닌 다른 후보자를 선택할 수밖에 없다는 점에서 유권자의 의사에 적실성있게 반영된다고 보기 어려운 측면이 있다.

이밖에도 결선투표방식은 기본적으로 다수대표제방식으로 당선인을 결정한다는 점에서 유권자의 선호(preferences)를 정확히 반영하는데 있어서 제한적이라고 할 수 있다. 이는 다수대표제가 갖는 단점인 '사표의 문제'를 완전히 극복하지 못한다는 것을 의미한다. 따라서 결선투표제는 엄밀한 의미에서 유권자 다수의 의사가 반영되는 투표방식이라고 보기 어렵다. 유권자 다수가 선택한 후보라기보다 투표자 다수로 결정된 당선인이라 할 수 있다. 특히, 2차 결선 투표에서 투표율이 낮은 경우 그러한 다수의 의미가 퇴색된다. 예컨대, 1969년 프랑스 대선에서 1차 투표의 투표율은 77.6%였으나 2차 투표의 투표율은 65.5%를 기록하였다. 2차 결선투표에서 당선된 드골은 52.2%의 득표율로 상대 후보인 미테랑을 이길 수 있었지만, 낮아진 투표율을 고려할 때 드골의 실제 득표율은 34.2%로 볼 수 있다(Farrell 2011, 48-49).

3. 해외사례

결선투표제는 단순다수대표제와 명부식 비례대표제 다음으로 많이 사용되는 투표방식이다. 대통령선거에 결선투표제를 채택하고 있는 국가는 전세계적으로 89개국에 달한다. 지역별로는 아프리카가 30개국으로 가장 많고, 그 다음으로 아시아(23개국), 유럽(21개국), 중남미(14개국) 순이다.

결선투표제를 채택하고 있는 국가 중 대표적인 국가는 프랑스라고 할 수 있다. 프랑스 대선에서 당선인은 유효투표총수의 과반수를 득표한 후보자로 결정된다. 1차 투표에서 당선요건을 충족하는 자가 없는 경우, 다수표를 얻은 2인을 대상으로 1차 투표일 후 두 번째 일요일에 2차 투표를 실시한다. 1차 투표에서 다수표를 얻은 후보자가 사퇴한 때에는 다수표를 얻은 그 다음 순위의 후보가 입후보할 수 있다. 2차 투표에서는 유효투표의 다수득표자를 당선인으로 결정한다.

프랑스의 역대 대선에서는 1차 투표의 결과와 2차 투표의 결과가 뒤바뀐 경우도 있다. 1974년 대선의 발레리 지스카르 데스탱, 1981년의 미테랑, 1995년의 자크 시라크는 1차 투표에서 2위를 하고 2차 투표에 진출하여 당선된 사례이다.[61]

프랑스의 대선과 총선에서 적용되는 결선투표방식에는 차이가 있다. 대선은 1차에서 과반득표자가 없으면 상위득표자 2인이 경쟁하는 절대다수 결선투표제(majority run-off)인 반면, 총선은 12.5% 이상을 득표한 모든 후보가 결선에 진출하여 상대다수대표제로 당선인을 결정하는 '절대다수-상대다수 결선투표제(majority-plurality)'이다.

오스트리아의 경우, 1차 투표에서 50% 이상 득표자가 없으면 최다득표자 2인을 대상으로 2차 투표를 실시한다. 1차 투표에서 동수의 득표자가 나올 경우 선거관리위원장의 추첨으로 2차 투표 진출자가 결정된다. 2차 투표에서는 최다득표자가 당선인이 되며, 그 결과가 동수일 경우 승자가 나올 때까지 투표를 반복한다.[62]

---

61 1965년 드골, 1969년 뽕피두, 1988년 미테랑, 2002년 자크 시라크는 1차 투표에서 1위를 한 후보가 2차 투표에서도 1위를 하여 당선된 경우이다.

62 Bundespräsidentenwahlgesetz 1971 BGBI. Nr. 57 in der Fassung BGBI. I Nr. 58/2012 http://www.bmi.gv.at/cms/BMI_wahlen/Kunsttext_BPWG_Fassung_2012_Juli.pdf

중남미 국가 중에는 1차 투표의 당선기준이 50% 미만 또는 이상이거나 2위와의 일정한 득표차를 당선기준으로 설정하고 있는 국가도 있다. 코스타리카는 40% 이상 득표할 경우 당선인으로 결정되는가 하면, 시에라리온에서는 55%를 당선기준으로 설정하고 있다. 아르헨티나와 에콰도르에서는 1차 투표에서 40% 이상을 득표한 1위 후보라도 2위와의 득표차가 10% 이상이어야 결선투표 없이 당선된다.

결선투표제의 당선기준은 득표율 50%가 일반적이지만, 중남미 국가 중에는 50% 미만 또는 그 이상으로 설정하고 있는 국가도 있다. 예컨대, 코스타리카는 40% 이상 득표할 경우 당선인으로 결정되는가 하면, 아르헨티나는 45%, 시에라리온에서는 55%를 당선기준으로 설정하고 있다.

이처럼 다당제의 전통이 강하거나 후보난립이 빈번하여 과반당선의 가능성이 낮다면 당선기준을 유연하게 설정하기도 한다. 또한 2위와의 일정한 득표차를 당선기준으로 설정하고 있는 국가도 있다. 아르헨티나의 경우, 1차 투표에서 1위 득표자의 득표율이 당선기준인 45%에 못 미쳐도 40% 이상의 득표율과 2위와 10% 이상의 득표차를 보이면 결선투표 없이 당선되도록 규정하고 있다.

4. 결선투표제 관련 찬반 논쟁

결선투표제 도입 찬성론

결선투표제의 도입을 둘러싸고 찬반양론이 대립한다. 도입찬성론은 현행 대통령 선출방식의 문제인식에서 출발한다. 현행 대통령선거제도는 한 표라도 많은 득표를 한 후보가 당선되는 방식이므로 민주적 정당성(democratic legitimacy)을 훼손하고 그에 따른 정치적 안정성의 부재 등 많은 부작용이 발생한다는 것이다(홍윤기 2002; 박찬욱 2004; 임종훈 2006, 82-85; 정철 2012, 51).

상대다수대표제(plurality system)의 당선인 결정방식으로는 유권자의 다양한 선호를 충실히 반영할 수 없다는 시각이다(허영 2012, 847). 하지만, 결선투표제는 1차 투표에서 과반득표자가 없을 경우 2차 투표에서 최다득표자를 당선인으로 결정하므로 당선인의 대표성이 강화된다. 유권자의 집합적 선호를 왜곡없이 반영하며, 당선된 후보의 정통성을 높여 통치의 안정성에 기여할 수 있다(강원택 2007). 후보자의 입장에서는 유권자의 폭넓은 지지를 얻기 위해 이념지형의 경직성보다는 포용성을 띨 가능성이 높다.

1차에서 탈락한 후보들의 표가 결선에서 어느 후보에게 결집되는가에 따라 당락이 결정되기 때문에 정당간 이념과 노선의 차이를 최대한 구심점으로 수렴시키는 제도적 기제로 작용할 수 있다. 유권자의 입장에서도 결선투표제는 다양한 선호가 반영될 수 있다는 점에서 긍정적으로 평가된다. 한 번의 선거로 당선인이 결정되는 방식에서는 당선가능성을 고려하지 않을 수 없어 지지하지 않는 후보에게 투표할 수 있다. 하지만 결선투표방식에서는 1차 투표에서 후보의 당선가능성에 구애받지 않고 자유롭게 투표할 수 있는 장점이 있다.

결선투표제는 투표율 제고의 효과도 가져온다. 현행 방식과 같이 한 번의 선거결과로 당선인이 결정되는 투표방식에서는 사표에 대한 우려로 투표를 기피할 수 있지만, 결선투표제에서는 1차 투표에서 후보의 당선가능성에 구애받지 않고 자유롭게 투표할 수 있기 때문이다.

또한, 결선투표제는 2단계 투표를 거침으로써 정당간 연합 형성을 용이하게 하여 정당스펙트럼의 확대와 다양한 정치세력의 존재를 보장해줄 수 있다.[63] 결선투표제에서는 군소정당의 후보도 정당간 연합정치를 매개로 정치적 영향력을 가질 수 있게 된다. 그러한 점에서 결선투표제는 승자독식의 다수대표제와 달리 소수세력에게도 중앙정치에 참여할 기회가 제공되므로 사회적 갈등을 완화하는 긍정적 측면이 있다.

결선투표제는 극단적인 성향의 후보를 배제시키는 메커니즘으로도 기능할 수 있다. 2002년과 2017년 프랑스 대선에서 극우정당인 국민전선의 후보는 1차 투표에서 각각 16.9%, 21.3%로 2위를 차지하여 결

---

[63] Mainwaring, Scott and Matthew S. Shugart (eds.), *Presidentialism and Democracy in Latin America*, Cambridge: Cambridge University Press, 1997.

선에 진출하였으나, 결선투표에서 각각 17.8%, 33.9%의 득표율로 탈락하였다. 이처럼 결선투표제에서는 국민전선과 같은 극단적 성향을 갖는 정당의 후보가 당선되는 것을 억제하고 정당간 연합을 통해 정치가 분극적으로 치우치는 것을 차단하는 효과가 있다.

결선투표제 도입 반대론

결선투표제 도입과 관련하여 가장 일반적으로 지적되는 문제점은 선거비용의 증가와 선거관리의 어려움이다. 결선투표제는 두 번에 걸쳐 투표를 실시하므로 선거비용의 증가와 선거관리의 어려움이 대두된다.

또한 정당의 이합집산이 잦은 국가나 정당체제의 유동성이 높은 국가의 경우 1차 투표에서 후보난립으로 정국불안과 혼란이 야기될 수 있다.

이 밖에도 결선투표제에서는 유권자의 정치적 의사결정의 적실성에 대한 비판이 제기될 수 있다. 유권자는 1차 투표에서 선택한 후보자를 2차 투표에서 찾지 못하면 1차에서 선택한 후보자와 정치적 견해나 성향이 유사한 후보자에게 투표하거나 싫어하는 후보자를 낙선시키기 위한 투표를 한다.

그 외에도 후보간 담합가능성, 지역분할구도에 따른 당선인결정 등의 문제도 제기된다(임종훈 2006, 8). 비용의 문제는 앞서 설명한 것처럼 결선투표제 도입여부를 비용요인으로만 판단할 수 없다는 점에서 제도도입의 반대 논거로 충분하지 않을 것이다. 다만, 지역분할구도에 따른 당선인결정은 현실적으로 나타날 수 있다.

결선투표에서 영남출신과 호남출신이 경쟁한다면 인구수가 많은 영남출신이 당선될 수 있을 것이다. 하지만 그것은 결선투표제의 문제점이라기보다 상대다수대표제 방식을 채택하는 모든 국가에서 발생하는 문제라고 할 수 있다.

후보간 담합도 완전히 배제할 수는 없지만, 현실적으로 가능성은 매우 낮다. 담합에 가담한 후보가 자신의 지지층이 특정 후보에게 투표하도록 유도한다는 것인데, 설령 그러한 시도가 실행된다고 해도 결선에 진출할 수 있을 정도의 득표차이를 보이기는 어려울 것이다. 이보다는 동원투표(voter mobilization)의 가능성을 지적할 수 있을 것이다.

결선투표제에서는 지지자들을 규합하여 의도적으로 열세후보자에게 집중적으로 투표하게 함으로써 특정 후보를 1차 투표에서 탈락시켜 2차 결선에서 특정 후보에 유리한 후보배열을 형성하게 할 수 있다.

2002년 프랑스 대선에서 조스팽(Lionel Jospin)은 2차 결선투표에서 자크 시라크(Jacques Chirac)의 경쟁후보로 예상되었지만 1차 투표에서 3위에 그쳐 탈락했고, 2차 투표에서 자크 시라크는 약세후보인 르펜을 맞아 82.21%라는 역대 최고의 득표율로 당선되었다. 르펜이 결선에 진출하는 순간 이미 자크 시라크의 당선은 확정적이었다고 할 수 있다. 결국, 조스팽을 1차에서 탈락시킨 르펜의 지지표가 자크 시라크를 당선시킨 결과를 가져온 것이다. 이는 자크 시라크 지지자들이 시라크를 당선시키기 위해 전략적으로 조스팽이 아닌 르펜에게 집중적으로 투표할 것을 모의할 수 있는 상황이었다는 것을 말한다.

결선투표제에서는 이 같은 선거결과의 조작가능성이 존재한다 (Fehndrich and Cantow 2012). 16.86%의 득표율로 2위를 차지한 르펜과, 16.18%를 얻은 조스팽의 득표차는 0.62%이다. 이를 득표수로 환산하면 194,500표이다. 충분히 지지자들을 규합하여 특정 후보에게로 표를 몰아줄 수 있는 수치이다. 결선투표제에서는 이처럼 의도적으로 열세 후보에게 투표함으로써 유력후보를 1차 투표에서 배제시키는 유권자의 담합가능성을 배제할 수 없다. 특히, 소셜미디어(social media)로 일컬어지는 페이스북(facebook), 트위터(twitter)와 같은 정보의 확산과 파급력이 강한 통신수단이 보편화된 현실을 고려할 때 동원투표의 가능성은 낮지 않다.

이 같은 동원투표의 가능성을 차단하기 위한 해법으로는 1차 투표에서 2위와 3위의 득표차가 일정 비율 이하의 격차를 보일 경우 두 후보 모두 결선에 참여할 수 있도록 하는 방안을 고려해볼 수 있다. 예컨대, 2위와 3위 후보의 득표차가 전체 투표수의 1%를 넘지 않을 경우 3위까지 결선에 오르도록 하는 방안이다. 2002년 프랑스 대선의 경우 1%는 28만 표로 추산된다. 이 방안을 적용하면 1위 득표자인 자크 시라크와 함께 르펜, 조스팽 모두 결선에 진출할 수 있게 되어 동원투표의 가능성을 차단할 수 있다.

결선투표제에서는 유권자의 정치적 선택의 적실성에 대한 비판도 제기될 수 있다. 유권자는 1차 투표에서 선택한 후보자를 2차 투표에서 찾지 못하면 1차 투표에서 선택한 후보자와 정치적 성향이 유사한 후보자에게 투표할 수밖에 없다. 유권자가 처음에 선택했던 후보자가 아닌 다른 후보자를 선택할 수밖에 없다는 점에서 유권자의 의사가 적실성있게 반영된다고 보기 어려운 측면이 있다.

또한 당선인결정에서 절대적 기준뿐만 아니라 상대적 기준의 설정도 검토해볼 필요가 있다. 결선투표제는 당선기준의 하한선을 정하고 있지만, 절대적 기준의 존재만으로 당선인의 대표성을 확보하기는 어렵다. 과반득표로 당선이 확정된 후보라도 절반을 갓 넘겨 차순위 후보와의 차이가 미미하다면 대표성의 문제가 제기될 수 있기 때문이다.

우리의 경우, 지난 18대 대통령선거에서 새누리당의 박근혜 후보와 민주통합당의 문재인 후보는 각각 51.6%와 48%의 득표율을 보였다. 결선투표제라고 가정하면 박근혜 후보는 결선투표 없이 당선되지만, 당선인과 3.6%에 불과한 차이를 보인 문재인 후보는 결선투표의 기회를 얻지 못하고 탈락하게 된다.

이처럼 결선투표제는 절대적 당선기준을 어떻게 설정할 것인지, 1위와 2위 후보간 득표차를 당선요건으로 설정할 것인지에 대한 세밀한 검토가 필요하다. 또한, 결선투표제에서는 동원투표의 가능성도 배제할 수 없기때문에 이를 차단하는 방법으로 2위와 3위 후보간 득표차가 어느 수준일 때 3위 후보까지 결선에 진출할 수 있도록 할 것인지도 고민해야할 부분이다.

반면, 결선투표제 도입을 반대하는 입장에서는 결선투표에 소요되는 비용이 과다하게 소요될 수 있다는 점과, 결선투표에 의해 창출되는 정당성은 합종연횡에 의한 것으로서 진정한 의미의 민주적 정당성을 구현하는 것으로 보기 어렵다는 점을 지적한다.

결선투표제로 당선된 대통령은 '조작된(manufactured) 2차적 정당성'에 기반하기 때문에 '불순한 독재화의 유혹'에 빠질 수 있다는 것이다(김종철 2006, 24). 단지, '명목적인 과반'을 확보하기 위해 결선투표제를 도입하는 것은 이 제도가 초래할 수 있는 선거결과의 역전, 정당체계의 파편화, 선거결과의 조작가능성 등의 부작용을 고려할 때 바람직하지 않다고 주장한다(이준한 2010).

한편, 결선투표제 도입에 대해 중도적인 입장을 표방하는 도입신중론도 있다. 결선투표제는 선출되는 대통령의 민주적 정당성을 강화하는 장점이 있는 것은 사실이다. 그러나 최근의 대통령선거 결과에서 당선인의 득표율은 50%에 육박하는 추세를 보여 왔고, 지난 18대 대선에서는 과반인 51.6%를 기록하여 결선투표제 도입 자체가 무의미할 수도 있다는 것이다.

또한 선거비용의 증가가 우려되며, 양극화된 다당제의 성격을 갖는 우리의 정당체계가 연립정치의 제도적 토양을 기반으로 하는 결선투표제가 착근되기 어려운 제도적 환경이므로 성급한 도입은 지양해야 한다는 입장이다(김정현 2012).

5. 개헌을 둘러싼 결선투표제 도입논란

결선투표제는 헌법 개정과 관련해서도 논쟁의 중심에 있다. 결선투표제 도입문제가 개헌을 요구한다는 입장과 개헌이 불필요하다는 주장이 서로 대립한다. 개헌이 반드시 필요하다는 입장은 현행 대통령선거의 선출방식을 헌법이 규정하고 있지는 않지만 1표라도 많이 획득한 후보가 당선되는 상대다수대표제(plurality system)로 보아야 한다는 것이다.

우리 헌법 제67조 제2항은 대통령선거에서 "최고득표자가 2인 이상인 때에는 국회의 재적의원 과반수가 출석한 공개회의에서 다수표를 얻은 자를 당선자로 한다"라고 규정하고 있는데, 이는 상대다수대표제를 의미하는 것으로 상대다수대표제가 아니라면 국회 간선조항을 별도로 둘 이유가 없다는 것이다.

또한 현행 헌법 제67조 제3항이 "후보자가 1인일 때에는 그 득표수가 선거권자 총수의 3분의 1 이상이 아니면 대통령으로 당선될 수 없다"라고 당선인의 득표하한선을 규정하고 있는 것은 사실이다. 그러나 이 규정은 후보자 1인이 단독출마한 경우로서 당선인의 민주적 정당성 확보를 위한 최소득표를 규정한다고 보아야 한다는 것이다. 그 외의 경우는 대통령 당선에 필요한 득표율을 규정하고 있지 않기 때문에 절대다수대표제로 볼 수 없다는 지적이다.

현행 「공직선거법」 제78조는 헌법과 달리 대통령선거제도로 상대다수대표제를 규정하고 있지만, 헌법개정 없이 헌법의 하위법인 「공직선거법」만을 개정해서 결선투표제를 도입하는 것은 타당하지 않다는 주장이다(성낙인 2012, 1072; 김철수 2008, 251-252).

반면, 결선투표제 도입에 개헌이 불필요하다는 입장은 현행 헌법이 대통령선거의 당선인 결정방식으로 상대다수대표제를 명시적으로 규정하고 있지 않다는 주장이다. 헌법 제67조 제2항이 동수의 득표상황일 때 최고득표자를 간선으로 결정한다는 규정은 발생 가능성은 낮지만 실제 외국의 입법례에서도 규정하고 있는 이론적 규정이라는 것이다.

설령, 최다득표자 2인이 발생하더라도 국회간선 규정을 통해 당선인을 결정하면 된다는 것이다(김진욱 2012). 헌법이 절대다수대표제와 상대다수대표제에 대해서 별도로 규정하지 않고 당선인 결정방식을 제67조 제5항에서 법률에 위임하고 있기 때문에 결선투표제를 도입한다고 해도 위헌문제가 야기되는 것은 아니라는 입장이다(정만희 1997, 45; 송시우 2014, 17).

따라서 최소한 상대다수대표제가 '헌법적 규정'은 아니기 때문에 「공직선거법」을 개정하여 결선투표제를 도입한다고 해도 위헌문제가 야기되는 것은 아니라는 입장이다.

이처럼 대통령 결선투표제 도입논의는 개헌 여부를 둘러싸고 찬반 양론이 대립하고 있다. 현행 헌법은 대통령의 당선인 결정방식을 명확하게 규정하고 있지 않다. 관련 규정의 맥락과 의도로 볼 때 상대다수대표제로 해석될 수도 있고, 절대다수대표제(majority system)로 해석될 여지도 있다.

이러한 해석의 차이는 헌법 제67조 제2항의 동수 득표자에 대한 국회 간선규정에서 잘 드러난다. 상대다수대표제로 보는 입장에서는 국회간선 규정을 둔 것 자체가 상대다수대표제가 아니라는 반증이라는 주장이다. 반대로, 해당 규정은 동수 득표자의 경우에 한해 국회 간선을 규정하고 있을 뿐 그렇지 않은 경우에는 제67조 5항에서 법률에 위임하고 있기 때문에 헌법개정 없이 「공직선거법」 개정만으로도 결선투표제 도입이 가능하다는 입장이다. 요컨대, 헌법 개정은 결선투표제 도입의 필수불가결한 요건이라고 단정할 수는 없을 것이다. 다만, 헌법 해석의 논란을 종식시키고 당선인의 민주적 정당성을 강화한다는 측면에서 헌법에 결선투표에 관한 근거규정을 마련하는 것을 검토해 볼 수 있을 것이다.

6. 결선투표제 도입에 따른 비용 추계

결선투표제 도입시 수반되는 비용은 투표소 및 개표소의 설치비용 및 인건비 등을 의미하는 투표관리비용과 후보자에 대한 선거비용보전액으로 구분할 수 있다. 추가비용에는 국내선거비용과 재외선거비용을 합산하였고, 국내선거비용에는 투·개표 관리비용, 선거관리일반, 선거운동관리 등의 비용을, 재외선거비용에는 재외선거관리일반, 재외선거명부관리 등의 비용을 포함된다.

결선투표제가 두 번의 선거로 이루어지고, 결선투표제가 도입될 경우 군소정당의 후보도 대거 입후보하게 하는 요인으로 작용하기 때문에 선거비용이 상당한 수준으로 증가하는 것은 충분히 예상할 수 있다.

2017년 대선 결과와 예산집행액을 근거로 2027년 대선에 결선투표를 도입했을 때 국내선거관리비용 부문의 추가재정소요는 1,398억 원으로 추산된다.[64] 여기에 대통령선거 후 발생하는 선거비용 보전액 227억 원을 합산하면 2027년 대선의 전체 재정소요는 1,625억 원으로 예상된다.

〈표 3-1〉 2026년 대통령선거 결선투표제 도입시 선거관리비용

(단위: 백만 원)

구 분		집행액 (2017)	2026년	산출과정	추가재정소요
투개표관리	사전투표	429			1,231
	투개표관리	671			
	소계	1,100	1,231		
선거방송토론위 운영		6	7	7억 원/5회	1
선거관리일반, 계도홍보 및 단속	선거관리일반	294			
	선거운동관리	293			
	계도홍보	136	1,055	1,055억×15.7%	166
	위법행위 단속	220			
	소계	943			
총계					1,398

---

64 2021.12.16. 국회예산정책처 「공직선거법」 일부개정법률안(의안번호 2113325) 비용추계서.

또한, 1차 투표가 끝난 날부터 결선투표일까지의 13일간 재외선거 관리일반과 재외선거명부관리 등의 재외국민선거에 소요되는 비용도 전체 결선투표비용에 포함되어야 한다. 대선 재외선거 비용은 2012년 제18대 대선을 기준으로 추정했을 때, 투표관리비용(당시 대통령선거 예산편성액의 80%) 107억 2,800만 원에 재외선거관리일반과 재외선거명부관리 등의 비용을 합산하여 122억 6,700만 원으로 산출된다.[65]

〈표 3-2〉 대선 결선투표 재외선거 추가비용 산출(2012년 대선 기준)

(단위: 백만 원)

구 분	결선투표 추가비용	소요액
투표관리	13,410	107,287(80%)
재외선거관리일반	3,327	1,539 (13/120일)
재외선거명부관리	7,714	
기타비용	3,171	
소계	27,622	12,267

7. 대안 모델: '수정' 대안투표제

결선투표제는 당선인의 민주적 정당성을 높여 국정운영의 안정성을 보장하는 긍정적 효과를 보일 수 있다. 또한 유권자의 입장에서는 사표방지 심리가 작동하지 않기 때문에 지지후보에게 소신투표를 할 수 있다는 장점도 있다.

---

65 국회예산정책처 법안비용추계 1과 비용추계서 참조.

그러나 결선투표에 소요되는 선거비용의 증가와 선거관리부담의 가중, 선택의 적실성, 동원투표로 인한 선거조작 등의 부작용이 나타날 가능성을 배제할 수 없다. 또한 당선인과 2위 득표자의 득표차가 근소할 경우 상대다수대표제의 원칙에 따른다고해도 당선인의 대표성 문제가 제기될 수 있다. 결선투표제의 도입취지가 당선인의 민주적 정당성 제고에 있는 만큼 투표율의 절대치도 중요하지만, 1위와 2위간 득표차도 간과할 수 없는 부분일 것이다.

결선투표제는 1차 투표에서 과반득표자가 없을 경우 최다득표자 2인을 중심으로 후보자간 합종연횡이 빈번히 발생하여 정국혼란을 야기할 수 있다. 또한 유권자는 자신이 선택한 후보가 2차 결선에 올라가지 못했을 때 원하지 않는 후보에 대한 선택을 강요받게 된다.

대안투표제는 호주에서 고안된 제도유형이다. 대안투표제는 선거구당 1인을 선출하는 소선거구제에 적용된다. 유권자들의 선호에 따라 대안적 당선기준이 적용된다는 점에서 대안투표제로 불리지만, 유권자들이 선호순서에 따라 투표한다는 특성 때문에 선호투표제(preference vote), 선택투표제(choice vote), 즉석결선투표제(instant-runoff vote)로도 불린다. 1선호 과반득표 당선자가 없을 경우, 최하위 득표자부터 탈락시키고 다시 당선자를 정하는 특성 때문에 탈락식이라 하기도 하고, 탈락자의 2선호표가 나머지 후보들에게 이양된다는 점에서 이양식이라고하기도 한다.

일반적인 다수대표제 하에서는 유권자들이 자신들의 표가 사표가 될 수 있다는 우려로 당선가능성이 높은 후보를 선택하게 되는데, 선호순서를 기입할 수 있는 대안투표제에서는 사표방지 심리가 작동하지 않게 된다.

이처럼 대안투표제는 출마한 모든 후보를 대상으로 선호를 표기하도록 하고, 과반득표자가 나올 때까지 차순위 선호를 반영하는 것을 특징으로 한다. 이러한 대안투표제를 기초로 영국, 노르웨이 등의 국가에서는 시장 선출방식으로 결선투표제를 접목한 보충투표제(supplementary vote)를 고안했다.[66] 보충투표제는 선호표기를 허용하고 당선인결정에 차순위 선호를 반영한다는 점에서는 대안투표제와 동일하다. 그러나 과반득표 당선인이 없을 경우 선호를 2순위까지만 표기하도록 하여 상대다수대표제 방식으로 당선인을 결정한다는 점에서 대안투표제와 차이가 있다. 2선호까지만 허용하는 것은 결선투표제에서처럼 두 번의 선거를 하나로 통일한다는 의미로 볼 수 있다.

보충투표제는 선호순위를 2순위까지만 표기하기 때문에 대안투표제와 같이 유권자의 선호를 광범위하게 반영하지는 못해도 투·개표과정이 복잡해지는 것을 피할 수 있다. 2선호표는 과반득표자가 없을 경우 당선인을 결정하는 추가표의 역할을 하는 셈이다.

결선투표제보다는 유권자가 출마후보의 순위를 기입하여 1순위표

---

66 http://www.parliament.uk/documents/commons/lib/research/briefings/snpc-05317.pdf(검색일: 2013.2.5.). 보충투표제의 투표방식과 사례에 관해서는 Dag Arne, Christensen and Jacob Aars. 2010. 823-841 참조.

를 가장 많이 획득한 후보를 최종 당선인으로 선출하는 대안투표제[67]가 당선인의 대표성을 높일 수 있는 방법이다. 대안투표제는 유권자에게 복수의 후보자에 대한 선호를 한 번의 투표로 기입할 수 있게하는 방식이다. 대안투표제에서 최종 당선인은 누가 가장 많은 1선호를 얻었는가로 결정된다. 1선호투표 결과, 과반득표자가 없을 경우 차순위 선호표의 배분으로 당선인을 결정한다. 따라서 1차와 2차로 구분하여 후보를 선택하는 결선투표제보다 다양한 수준의 유권자 선호도가 선거결과에 반영된다는 장점이 있다.

구체적인 당선인 결정방식은 다음과 같다. 첫째, 유권자는 출마한 모든 후보에 대해 1, 2, 3 등의 순위를 기재한다. 둘째, 투표 결과, 과반 득표한 후보를 당선시킨다. 셋째, 과반 득표자가 없을 경우 1선호가 가장 적은 후보를 제외시키고, 이 후보가 얻은 표를 2순위 선호에 따라 나머지 후보들에게 재배분한다. 넷째, 과반득표자가 나오면 그 후보를 당선시키고, 없을 경우 당선인이 나올 때까지 이 과정을 반복한다.

〈그림 3-1〉과 같이 4명(A, B, C, D)의 후보가 얻은 1선호표가 전체 100표 중 각각 33표, 31표, 20표, 16표라고 하자. 51표 이상을 얻은 과반 득표자가 없어 1선호표가 가장 적은 D후보를 탈락시킨다. 탈락한 후보의 1선호표는 사장되는 것이 아니라 이 후보를 1선호로 선택한

---

[67] 선호투표방식에는 대안투표제와 단기이양식(single transferable vote)이 있지만, 대통령선거에 적용할 수 있는 방식은 대안투표제이다. 단기이양식은 2인 이상의 대표를 선출할 때 적용할 수 있는 방식이다.

유권자의 2선호 후보에게 돌아간다. 따라서 D후보의 16표는 2선호에 따라 A후보와 B후보에 각각 6표, C후보에 4표로 재배분된다. D후보의 1선호표를 재배분해도 과반득표자가 없으면 C후보의 24표도 동일한 방법으로 A후보와 B후보에 재배분한다. 결국, B후보가 과반인 54표를 얻어 당선된다. 이처럼 대안투표제에서는 1선호를 과반득표한 후보가 없을 경우 2선호의 선택에 따라 당선인이 결정된다. 일반적인 다수대 표제 방식이라면 B후보보다 2표를 더 얻어 33표로 최다득표자가 된 A 후보가 당선된다. 그러나 대안투표제에서는 B후보가 1선호표의 재배 분으로 A후보보다 8표를 더 얻어 당선되는 것으로 나타난다.

〈그림 3-1〉과 같은 후보별 의석점유 상황에서 결선투표제가 적용 된다면 A후보와 B후보는 결선에 진출하게 되고 결선에서 C후보와 D 후보의 2선호대로 대안투표제에서와 같이 B후보가 최종 당선될 것이 다. 결선투표제와 대안투표제의 결과가 동일하게 나타난다면 그러한 점에서 볼 때 선호투표방식은 2번 실시되는 결선투표제를 1회로 압축 한 형태로 볼 수 있다.[68] 결선투표제에서 제기되는 과다하게 소요되는 선거비용의 문제, 1차 투표에서 발생할 수 있는 동원투표 가능성, 정당 및 후보간 합종연횡에 따른 정국혼란 등의 단점을 감안할 때 '수정 대

---

68 물론 〈그림 3-1〉과 같이 대안투표제가 결선투표제의 2회 투표방식을 1회 투표방 식으로 압축한 방식으로 도식화할 수 있다. 그러나 실제 대안투표에서는 유권자에서는 C, D후보에 1선호를 주고 A, B후보가 아닌 E, F후보에게 2선호를 줄 수도 있다. 그 러한 경우 대안투표제를 결선투표제의 축약형으로만 보기는 어렵다.

〈그림 3-1〉 다수대표제와 대안투표제 당선인 결정방식 비교

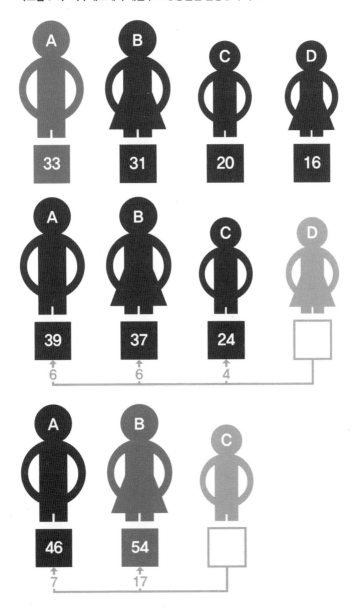

안투표제'가 바람직한 투표방식이라 할 수 있다.

이 글에서는 결선투표제의 대안으로 '수정' 대안투표제(modified alternative vote)를 제시한다. '수정' 대안투표제는 보충투표제의 단점을 개선한 방안이다. 보충투표제에서는 당선인 결정방식이 상대다수대표제이기 때문에 과반수 미만의 당선인이 나올 가능성이 있다. 더욱이 선호표기를 2선호로 제한하면 탈락한 나머지 후보의 2선호표가 최다득표자로 가지 않을 경우, 이들의 표는 사장될 수 있다. 다수의 후보가 경쟁하게 될수록 사표발생의 가능성은 높고, 재배분되는 2선호표가 적다면 결선투표제의 대안으로도 큰 의미가 없을 것이다.

'수정' 대안투표제에서는 선호표기를 3선호까지 허용한다. 또한 1선호 결과에서 과반득표자의 발생과 무관하게 유권자가 기표한 3선호표까지 모두 반영한다. 물론 유권자는 반드시 선호를 표기하지 않아도 된다. 자신이 선호표기를 원할 경우에만 할 수 있도록 한다. 사장되는 선호표를 줄이기 위해서는 보다 많은 선호표를 허용해야 하겠지만 그럴 경우 후보가 난립할 가능성이 높다. 따라서 선호표는 3선호까지로 제한하는 것이 적정할 것이다. '수정' 대안투표제는 단순히 과반 득표의 당선인을 선출하는데 있는 것이 아니라 유권자의 선호도를 대표선출에 적실성있게 반영되도록 하는데 있다. 결선투표방식이든 선호투표방식이든 궁극적으로 과반득표 당선인을 선출한다는 점에서는 동일하지만, 선호투표방식은 결선투표에서와 같이 사표방지심리에 의한 투표행태를 막을 수 있다는 장점을 갖는다.

〈표 3-3〉 제도유형별 비교

구 분	당선인결정방식	당선기준	투표방식	선거횟수
현행 대통령 선출방식	상대다수대표제	최다득표	선호표기 없음	1회
결선투표제	절대다수대표제+ 상대다수대표제	최다득표	선호표기 없음	2회
선호투표제	절대다수대표제+ 절대다수대표제	과반득표+ 과반득표	모든 후보 선호 표기 가능	1회
보충투표제	절대다수대표제+ 상대다수대표제	과반득표+ 최다득표	2선호까지 표기 가능	1회
수정 대안투표제	상대다수대표제	최다득표	3선호 표기까지 허용	1회

*여기서 선호대표제는 대안투표제를 말한다.

또한 '수정' 대안투표제는 결선투표제 도입에 따른 개헌 논란도 불식시킬 수 있다. 선호투표방식으로 대통령 선출방식을 변경하더라도 당선인결정방식이 상대다수대표제를 근거로 하기 때문에 현행 헌법을 개정할 필요가 없다.

PART 4
광역 및 기초의회선거제도

1. 현행 제도의 특징

현행 광역의회 선거제도는 지역구와 비례대표의 혼합식 선거제도를 운영하고 있다. 지역구선거는 소선거구 다수대표제 방식으로, 비례대표선거는 폐쇄형 명부제를 운영하고 있다. 특징적인 것은 혼합제라고하지만 비례대표의석의 비율이 매우 낮은 수준이라는 점이다. 비례의석이 지역구의석의 10%에 불과하기 때문에 혼합제에서 비례대표제가 갖는 지역구선거의 불비례 보정 기능이 유명무실하다.

비례대표선거에서는 정당난립을 막기 위한 장치인 최소조건을 두고 있다. 유효투표총수의 5% 이상을 획득한 정당에 한해 비례의석을 배분한다. 다만, 최소조건은 개별 시도단위가 아닌 전국단위에서 요구된다. 비례의석이 배분되는 개별 시도에서 최소조건을 충족하지 못해도 전국득표율 기준을 통과하면 시도단위에서 비례의석을 배분받는다.

또한 특정 정당이 득표를 아무리 많이 했더라도 정수의 2/3를 넘는 의석을 획득할 수 없다. 특정 정당의 득표율이 2/3를 넘는 경우, 정수의 2/3에 해당하는 의석을 먼저 그 당에 배분한 후 남은 의석을 나머지 정당들이 나누게 된다.[69] 예컨대, 갑당, 을당 두 정당이 출마한 광역의회 비례대표 선거(정수 3석)에서 갑당이 96%, 을당이 4%를 득표한 경우, 갑당은 2/3에 해당하는 2석밖에 얻지 못하고, 을당은 최소조건을 충족하지 못했지만 1석을 획득하게 된다. '2/3 제한규정' 자체는 특정 정당의 의석독점을 완화할 수 있지만, 비례의석이 적어 거대양당 내에서만 의석이 배분되기 때문에 의석독점 완화효과는 낮다.

실제로 2014년 제6회 광역의회선거에서 나타났다. 당시 경북도의회 비례대표 정수는 6명, 최소조건을 충족한 정당은 새누리당(75.2%)과 새정치민주연합(16.4%) 두 정당뿐이었는데, 득표율에 따라 의석을 배분하면 새누리당 5석, 새정치민주연합 1석이 되어야 했으나, 2/3 제한규정이 적용되어 실제로는 새누리당 4석, 새정치민주연합 2석이 배분되었다.

기초의회 선거제도의 경우도 광역의회선거와 마찬가지로 1인 2표 방식의 혼합제이면서 지역구 중심의 의석구조이다. 비례의석 배분

---

69 「공직선거법」 제190조의2 제2항: "비례대표시·도의원선거에 있어서 하나의 정당에 의석정수의 3분의 2 이상의 의석이 배분될 때에는 그 정당에 3분의 2에 해당하는 수의 정수의 의석을 먼저 배분하고, 잔여의석은 나머지 의석할당정당간의 득표비율에 잔여의석을 곱하여 산출된 수의 정수의 의석을 각 나머지 의석할당정당에 1석씩 배분한다. 다만, 의석정수의 3분의 2에 해당하는 수의 정수에 해당하는 의석을 배분받는 정당 외에 의석할당정당이 없는 경우에는 의석할당정당이 아닌 정당간의 득표비율에 잔여의석을 곱하여 산출된 수의 정수의 의석을 먼저 그 정당에 배분하고 잔여의석이 있을 경우 단수가 큰 순으로 각 정당에 1석씩 배분한다. (…)"

에 요구되는 최소조건도 광역의회선거와 동일한 '정당득표율 5%'이며, 최소조건 적용단위도 자치구·시·군이 아닌 시·도이다. 다만, 비례의석 비율은 광역의회와 달리 지역구의석의 10%가 아닌 전체 의석의 10%로 정해진다.

광역의회와 기초의회의 낮은 비례의석 비율은 비례성에도 직접적인 영향을 미치지만, 시도별로 할당되는 지역구의석의 인구불비례성을 보정하지 못하는 결과를 가져온다. 비례의석의 비중이 높으면 시도별 할당의석의 인구불비례를 완화할 수 있으나 그러한 기능을 수행하기에는 비례의석의 비율이 턱없이 낮기 때문이다.

기초의회가 광역의회와 다른 점은 중선거구제를 채택하고있다는 점이다. 기초의회는 소선거구제인 광역의회와 달리 2004년 선거부터 선거구당 2인에서 4인을 선출하는 중선거구제를 운영하고 있다. 소선거구제에서 중선거구제로 선거구를 확대한 취지는 거대정당의 의석독점을 완화하고 다양성을 보장하기 위한 것이었다. 또한 2005년부터는 주민의사의 효율적 수렴, 유권자의 선택대안 확대, 정당의 충원기능 활성화 등의 취지로 정당공천이 허용되었다.[70]

---

70 「공직선거법」 제47조 제1항은 "정당은 선거에 있어 선거구별로 선거할 정수범위 안에서 그 소속당원을 후보자로 추천할 수 있다. 다만, 비례대표자치구·시·군의원 의 경우에는 그 정수 범위를 초과하여 추천할 수 있다"고 규정함으로써 모든 선거 직 공직후보자에 대하여 정당공천을 허용하고 있다.

2. 광역 및 기초의회선거 결과(2006~2018)

2006년 광역의회선거는 한나라당의 압승과 열린민주당의 완패로 요약되는 선거였다. 한나라당은 총 733명의 광역의원 중 557명(76%)을 당선시켜 압도적인 승리를 차지했다. 그에 비해, 민주당은 서울과 호남에서 80명(10.9%)의 당선인을 내는데 그쳤다. 소수정당 중에는 열린민주당이 전북을 중심으로 52명(7.1%)을, 민주노동당과 국민중심당이 각각 15명을 당선시켰다.

2006년 기초의회선거의 경우, 중선거구제 적용으로 거대정당과 소수정당간 의석점유가 선거구의 크기에 따라 차이를 보였다. 즉, 2인 선거구에서는 거대정당이 전체 610곳의 선거구 중 265곳을 차지한 반면, 4인 선거구에서는 소수정당이 전체 39곳 중 37곳을 가져갔다.

2010년 광역의회선거의 경우, 한나라당이 전체의석 762석 중 287석(37.7%)을, 민주당이 352석(47.5%)을 획득했다. 정당간 의석점유의 지역별 집중도 뚜렷했다. 광주와 전·남북의 의석은 대부분 민주당에 돌아갔고, 대구와 경북, 부산·울산·경남의 의석은 한나라당이 독점했다. 2010년 기초의회선거에서도 거대 양당의 의석독점이 선명하게 나타났다. 한나라당은 전통적인 지지기반인 부산, 대구, 울산, 경남·북, 강원의 기초의회에서 다수당의 위상을 확고히 했다. 반면, 민주당은 광주의 모든 기초의회에서 과반 의석을 차지했고, 전북의 15곳 중 12곳, 전남의 22곳 중 19곳에서 다수당이 되었다.

거대 양당의 의석독점은 2014년 지방선거에서도 지속되었는데, 광역의회 전체 의석 705석 중 새누리당이 375석(53.2%)을, 새정치민주연합이 309석(43.8%)을 가져갔다. 2014년 기초의회선거에서도 새누리당과 새정치민주연합이 전국적으로 대부분의 의석을 차지했다. 통합진보당이 광주와 울산에서 각각 9석을 획득한 것을 제외하면, 군소정당의 의석점유는 미미한 수준이었다.

2018년 광역의회선거에서 더불어민주당과 자유한국당이 획득한 의석수는 각각 652석, 137석으로 전체 광역의원 총수의 95.8%를 차지했다. 기초의회선거에서도 양당의 의석점유는 큰 격차를 보였다. 더불어민주당은 전체 의원정수 2,541명 중 55.1%에 달하는 1,400명을 당선시켜 역대 최대치를 기록했다.

그에 비해 자유한국당은 876석을 얻어 34%의 의석점유율을 보였다. 2018년 기초의회선거에서는 정당간 지역별 편차도 두드러졌다. 더불어민주당은 광주를 비롯해 전북, 전남에서, 자유한국당은 대구경북과 경남에서 높은 의석점유율을 보였다. 군소정당 중에서는 민주평화당이 호남을 중심으로 최다의석(46석)을 가져갔다.

〈표 4-1〉은 지난 2006년 제4회 지방선거부터 2018년 제7회 지방선거까지 나타난 거대양당의 의석독점을 보여준다. 2006년 제4회 광역의회선거에서 거대양당의 의석은 전체 의석의 44.1%에 불과했으나, 2010년 선거에서는 85.2%, 2014년 97%, 2018년 95.8%로 지속적으로 증가했다. 기초의회선거에서도 거대양당의 의석독점은 지속적인 증가

추세를 보였다. 2006년 기초의회선거에서 거대양당의 의석점유율은 77.9%였으나, 2010년 78.7%, 2014년 88.7%, 2018년 90.1%로 증가하였다.

<표 4-1> 거대양당의 의석점유(2006~2018)

구 분		2006(4회)	2010(5회)	2014(6회)	2018(7회)
광역의회 선거	총의석	1,443	761	789	824
	거대양당의석 (%)	637 (44.1)	648 (85.2)	765 (97.0)	789 (95.8)
기초의회 선거	총의석	2,888	2,888	2,898	2,926
	거대양당의석 (%)	2,251 (77.9)	2,272 (78.7)	2,570 (88.7)	2,647 (90.1)

3. 정당의 복수공천과 중선거구제 적용

거대 양당의 의석독점으로 인한 의회구성의 획일화는 정당의 복수공천과 관련이 깊다. 2005년 기초의회의원선거에까지 확대된 정당공천제는 신진정치인 충원과 유권자와 지방정부간 효율적 연계를 통한 책임정치 구현 및 정당민주주의 정착의 취지에서 도입되었다.

그러나 중앙정치에 의한 지방정치의 의존과 예속이 심화되고 지역이슈가 주변화된다는 비판이 제기되어왔다. 즉, 정당이 지방정치에서 후보추천에 관여하게 되면 지방정치가 중앙정치에 매몰되고, 그로 인해 특정 정당의 지역지배구조가 더욱 공고화되는 폐단을 보일 수 있다는 것이다. 그러나 정당공천이 폐지되면 신진인사의 의회진입이 가능할 수 있는 환경은 마련되겠지만, 영향력 있는 지역토호나 유지를 중심으로 또 다른 독점적 지배세력이 등장하게 될 것이라는 반론도 있다. 이에 따르면 정당공천제의 문제점은 공천제 자체보다도 공천제를 운영하는 방식의 문제라는 것이다.

기초의회의원선거의 경우 거대 양당의 의석독점은 2006년 도입된 선거구당 2~4인 선출의 중선거구제와도 밀접한 관련을 갖는다. 중선거구제에 대한 평가는 이중적이다. 중선거구제가 특정 정당의 의석독과점과 양당구도를 완화하여 의회의 다양성을 강화할 수 있다는 견해가 있는 반면, 거대정당의 의석독점 체제를 고착화시킨다는 비판적 시각도 존재한다.

중선거구제에 대한 긍정적 평가는 선거구가 커질수록 특정 정당의 의석독점 가능성이 낮아진다는 점을 근거로 제시한다(김순은 2010; 김용복 2009). 예컨대, 선거구의 크기를 확대하면 밀집된 지지를 받는 정당이라도 득표가 분산되어 의석을 독점하기 어렵기 때문이다. 특히 거대정당에 비해 상대적으로 낮은 지지도의 군소정당과 무소속후보의 선거전략은 3·4위 당선가능성에 집중될 수밖에 없다는 점을 고려할 때 선거구의 확대는 이들의 의회 진출 가능성을 높일 수 있어 의석독점 완화에 기여한다고 볼 수 있다. 이처럼 중선거구제에서 선거구의 크기는 의회의 다양성과 정당구도를 좌우하는 요인이 된다고 할 수 있다.

그러나 중선거구제는 비례성과 직접적인 관련은 없다. 중선거구제가 소선거구제보다 비례성이 높을 수도 있고, 반대로 더 낮게 나타날 수도 있다. 비례성은 득표율과 의석점유율이 일치하는 수준을 말하는 데, 하나의 선거구에서 복수의 당선인을 결정하는 중선거구제가 하나의 선거구에서 1인의 당선인을 결정하는 소선거구보다 반드시 비례성이 높다고 단정할 수 없다.

또한 같은 정당이 추천한 복수의 후보가 당선될 수 있다는 점도 비례성을 낮추는 요인이 될 수 있다. 득표수와 무관하게 당선인이 결정되는 중선거구제에서 한 정당에서 복수당선인이 나올 경우 비례성은 저하될 수 있다. 그러나 중선거구제에서는 소선거구제에서보다 사표의 발생은 줄어들 수 있다. 다만, 사표가 줄어든다고 해서 그것이 비례성으로 이어지는 것은 아니다. 비례대표제라면 사표 감소가 비례성 제고에 기여할 수 있지만, 다수대표제 방식의 중선거구제에서는 사표를 비례대표의 결정에 반영하지 않는 한 비례성 제고로 직결되지 않는다.

2006년 제4회 전국동시지방선거부터 도입된 기초의회 중선거구제는 의회구성의 다양성 강화라는 도입취지와는 달리 시도의회를 독점하고 있는 다수당에 의해 파행적 운영을 보였다. 대부분의 시도에서 선거구획정위원회가 제출한 4인 선거구는 2인 선거구로 분할되었다. 예컨대, 2006년 지방선거를 앞두고 구성된 15개 기초의원 선거구획정위원회는 광주, 울산, 충북을 제외한 모든 시도가 4인 선거구를 2인 선거구로 분할했다. 이러한 '4인 선거구 분할'은 이후 선거에서도 지속되었다. 2010년 기초의회선거에서는 서울, 대구, 인천, 광주, 전북, 경북, 경남에서, 2014년 선거에서는 서울, 인천, 강원, 전북에서 4인 선거구 분할이 나타났다. 2018년 선거에서는 전국적으로 4인 선거구 37개를 분할하고, 3인 선거구 28개를 축소 조정하여 2인 선거구 126개를 신설했다.

2018년 제7회 기초의회 선거구획정위원회는 2인 선거구 603개를 485개로 줄여 3인 선거구를 397개에서 429개로 102개 늘리고, 4인 선거구는 26개에서 65개로 39개 늘리는 선거구획정안을 시도의회에 제출했다. 그러나 시도의회는 획정안과 달리 3인과 4인 선거구를 2인 선거구 위주로 분할하여 의결하였다. 이처럼 선거구획정위의 획정안이 시도조례 의결과정에서 무력화되는 상황이 2006년 중선거구제 도입 이래 선거구획정 때마다 반복되고 있다.

그 결과, 2인 선거구의 비율은 전체 선거구 중 2006년: 60.1%, 2010년: 60.3%, 2014년: 58.8%, 2018년: 58.4%에 달하는 반면, 소수정당의 의석점유에 유리한 4인 선거구의 비중은 2006년: 3.8%, 2010년: 2.5%, 2014년: 2.5%, 2018년: 2.6%에 불과했다. 4인 선거구가 2인 선거구 위주로 분할되는 이유는 시도의회에서 다수를 차지하고 있는 거대정당이 자기 당에 유리한 2인 선거구를 선호하기 때문이다. 특히, 거대양당이 전통적으로 지역주의에 기반한 지지세가 공고한 지역에서 선거구 분할이 두드러진다. 선거구획정은 정당에 따라, 또 같은 정당이라도 지역에 따라 선호하는 선거구의 크기가 다르게 나타난다. 지역기반이 강한 정당은 2인 선거구를 주장하지만, 약한 지역기반을 갖는 곳에서는 4인 선거구 도입을 주장한다. 이는 선거구의 크기가 작으면 지역기반이 강한 정당이 당선될 가능성이 높은 반면, 선거구가 크면 지역기

〈표 4-2〉 제4회~제7회 기초의회 선거구획정

구 분		제4회(2006)			제5회(2010)			제6회(2014)			제7회(2018)		
		2인	3인	4인	2인	3인	4인	2인	3인	4인	2인	3인	4인
서울	획정	109	44	4	114	46	0	111	48	0	81	53	7
	의결	120	42	0	114	46	0	104	46	0	114	47	0
부산	획정	34	22	6	51	18	0	52	18	0	30	23	7
	의결	50	17	1	50	20	0	52	18	1	52	18	0
대구	획정	5	16	11	6	14	12	27	16	0	18	14	6
	의결	27	16	0	30	14	0	30	14	0	30	14	0
인천	획정	8	15	9	6	15	10	15	17	5	13	20	4
	의결	29	13	0	23	17	0	16	19	3	24	18	0
광주	획정	4	9	6	4	9	6	16	9	0	2	17	1
	의결	4	9	6	16	9	0	16	9	0	3	15	2
대전	획정	1	11	5	8	13	0	9	12	0	5	12	2
	의결	11	11	0	8	13	0	9	12	0	9	12	0
울산	획정	5	11	0	14	5	0	14	5	0	14	5	0
	의결	5	11	0	14	5	0	14	5	0	15	3	1
경기	획정	62	68	9	90	61	0	91	62	2	80	74	2
	의결	90	61	0	90	61	0	91	61	2	84	74	0
강원	획정	9	28	11	9	36	5	9	36	5	13	36	3
	의결	12	34	5	9	36	5	11	36	4	15	36	2
충북	획정	23	20	2	26	18	2	28	18	1	24	20	2
	의결	23	20	2	26	18	2	28	18	1	24	20	2
충남	획정	22	20	12	34	18	5	28	20	7	25	25	5
	의결	35	18	7	34	18	5	25	25	5	25	25	5
전북	획정	9	21	23	36	27	5	32	31	4	36	32	1
	의결	47	21	4	43	29	0	40	31	0	36	32	1
전남	획정	12	29	25	44	29	9	44	29	9	37	31	10
	의결	45	31	7	44	29	9	45	31	7	44	29	9
경북	획정	32	37	18	58	41	2	60	41	1	69	35	1
	의결	60	37	4	60	41	1	60	41	1	69	35	1
경남	획정	47	28	12	59	28	6	62	31	2	38	32	14
	의결	62	30	3	63	28	4	62	31	2	64	28	4
계	획정	382	379	153	559	378	62	598	393	36	485	429	65
	의결	620	371	39	624	384	26	603	397	26	608	406	27

반이 약한 정당도 당선될 수 있다고 판단하기 때문이다. 따라서 거대 양당은 각각 독점적 지지를 확보하고 있는 자신의 지역에서는 2인 선거구를 주장하지만 상대지역에서는 4인 선거구를 고수한다.

선거구획정안이 시도의회에서 분할되는 것도 문제지만, 인구편차 기준이 4 : 1에서 3 : 1로 축소되어 선거구획정위원회가 제출한 4인 선거구 수 자체도 많지 않다는 것이다. 2006년 선거에서 선거구획정위원회가 제출한 4인 선거구의 수는 153개였으나, 2010년 62개, 2014년 36개, 2018년 65개로 줄어들었다. 또한 농산어촌 지역의 경우 인구 감소와 인구편차 기준의 축소로 선거구가 광역화되는 점도 4인 선거구 획정에 장애로 작용한다고 할 수 있다.

특정 정당이 밀집된 지지를 받는 지역의 선거구가 2인 선거구로 분할되면 해당 정당은 복수공천으로 선거구의 의석을 손쉽게 독점하게 된다. 결국, 중선거구제의 변칙적 운영이 복수공천으로 인해 본래의 취지에서 벗어나 의회의 획일화를 초래하는 것이다.

그러한 이유로 중선거구제 도입을 무의미하게 만드는 정당의 복수공천을 금지해야 한다는 의견도 제기된다(이동영 2008, 18; 박재욱 2007, 296; 송재봉 2008, 7; 김장민 2009, 2-3). 그러나 정당에게 복수후보를 공천하지 못하게 금지하는 것은 해당 정당에 대한 지지와 무관하게 일률적으로 모든 선거구에서 정당에 1인의 후보자만 추천하도록 하는 것이 된다. 이는 민의를 왜곡하는 결과를 가져올 수 있다.

거대정당의 의석독점과 의회 획일화의 문제는 본질적으로 지역구선거에서 1표라도 더 획득한 최다득표자 1인만이 선출되는 다수대표제 방식에 있다. 현행 기초의회 선거제도의 당선인 결정방식은 1위 이하의 득표는 모두 사표로 처리되는 승자독식(winner-take-all)의 다수대표제 방식이다. 선거구를 충분히 확대하면 특정 정당의 의석독점은 완화될 수 있으나, 당선인 결정방식이 다수대표제방식인 이상 사표가 과다하게 발생하여 비례성이 떨어진다.

4. 지방선거 의석할당 및 선거구획정

현행 광역의회선거와 기초의회선거에서 시도별로 할당되는 의석수는 인구수에 비례하지 않는다. 인구비례 할당방식이 적용되지 않기 때문이다. 광역의회의 경우, 시도별 정수는 관할구역 내 구시군 수의 2배수로 산정한 다음, 각 시도별로 ±14% 범위에서 조정하는 방식을 적용한다.

또한 산정된 의원정수가 19명 미만인 시·도는 19명을 최소정수로 배정한다(「공직선거법」 제22조 제3항). 기초의회선거의 경우도 총정수 산정과 관련하여 현행 「공직선거법」은 시·군·구의회의원 최소 정수를 7인으로 규정할 뿐, 구체적으로 규정하고 있지 않다. 「공직선거법」 제23조 제1항에는 선거구획정위가 인구와 지역대표성을 고려하도록 규정되어 있는데,[71] 대부분의 시도에서 선거구획정위는 인구수와 읍면동 수를 균등하게 반영하여 정수를 결정한다.

현행 광역의회와 기초의회의 선거구 수를 2021.10.31. 기준 인구수를 기초로 인구편차기준 3 : 1을 적용하여 인구상하한을 산출한 결과는 〈표 4-3〉과 같다. 산출하는 방식은 인구수를 할당 선거구 수로 나누어 인구수 평균을 먼저 구한 후 평균값에 1.5를 곱해 상한선을, 0.5를 곱해 하한선을 계산한다.

예컨대, 서울은 2021.10.13. 기준 인구수 9,570,210명을 전체 선거구 100으로 나눈 평균값 95,702를 구한 후, 인구허용 범위 상한(110,307)과 하한(36,769)을 산출한다. 동일한 방법으로 기초의회 선거구의 인구편차범위를 구하면, 서울의 선거구 인구범위는 상한 26,003명, 하한 8,668명이 된다.

〈표 4-3〉 인구기준 3 : 1 적용시 시도별 광역 및 기초의회 인구상·하한

시도	인구수 (2021.10.31.)	광역의회			기초의회		
		선거구	평균	상한 / 하한	선거구	평균	상한 / 하한
서울	9,570,210	100	95,702	110,307 / 36,769	423	17,335	26,003 / 8,668
부산	3,359,266	42	79,983	119,974 / 39,992	182	18,458	27,687 / 9,229

71 「공직선거법」 제23조(자치구·시·군의회의 의원정수) ①시·도별 자치구·시·군의회 의원의 총정수는 별표 3과 같이 하며, 자치구·시·군의회의 의원정수는 당해 시·도의 총정수 범위 내에서 제24조의3의 규정에 따른 당해 시·도의 자치구·시·군의원선거구획정위원회가 자치구·시·군의 인구와 지역 대표성을 고려하여 중앙선거관리위원회규칙이 정하는 기준에 따라 정한다.

시도	인구수 (2021.10.31.)	광역의회		상한 하한	기초의회		상한 하한
		선거구	평균		선거구	평균	
대구	2,393,179	27	88,636	132,954	116	20,631	30,947
				44,318			10,316
인천	2,955,354	33	89,556	134,334	118	25,045	37,568
				44,778			12,523
광주	1,443,406	20	72,170	108,255	68	21,227	31,841
				36,085			10,614
대전	1,455,336	19	76,597	114,895	63	23,101	34,652
				38,299			11,551
울산	1,124,613	19	59,190	88,785	50	22,492	33,738
				29,595			11,246
경기	13,598,766	129	105,417	158,125	447	30,422	45,633
				52,709			15,211
강원	1,539,032	41	37,537	56,305	169	9,107	13,661
				18,769			4,554
충북	1,599,838	29	55,143	82,714	132	12,120	18,189
				27,572			6,060
충남	2,123,365	38	55,878	83,817	171	12,417	18,626
				27,939			6,209
전북	1,791,826	35	51,187	76,780	197	9,096	13,644
				25,594			4,548
전남	1,836,262	52	35,313	52,969	243	7,557	11,336
				17,656			3,779
경북	2,629,979	54	48,703	73,054	284	9,260	13,890
				24,352			4,630
경남	3,321,460	52	63,874	95,811	264	12,581	18,872
				31,937			6,291
계	51,623,293	690	73,538	110,307	2,927	17,637	26,456
				36,769			8,819

* 시도별 할당의석은 총의석 300석을 인구수 비례로 산출. 인구수는 20대 총선 선거인명부작성기준일 현재. 정당별 할당의석은 지역구 후보득표와 정당득표의 총합에 따라 배분

광역의회의 시도별 정수 산정방식이 인구수에 비례하지 않은데다 지역구 정수 설정기준과 선거구 조정에 적용하는 기준이 서로 달라 선거구획정이 원활하게 이루어지기 어려워 선거구간 대표성의 문제를 초래할 수 있다. 정수산정에는 인구와 비(非)인구요인을 혼합한 방식을 사용하는데, 인구불부합 선거구를 조정할 때는 인구편차 기준을 적용하기 때문이다.

여기에 인구편차기준이 2022년 지방선거부터 4 : 1에서 3 : 1로 강화되었고, 도농간 인구편중이 심화되는 현실, 그리고 선거구당 1인을 선출하는 현행 소선거구제 방식도 선거구획정을 어렵게 하는 요인이 된다. 그에 비해 인구불부합 선거구를 조정할 수 있는 수단은 제한적이다. 선거구의 분구 또는 합구와 같이 선거구의 변동이나 광역화를 초래하지 않고 읍·면·동 경계조정을 이용하는 방법이 현실적으로 사용할 수 있는 유일한 수단이라 할 수 있다.

광역의회의 시도별 정수산정의 인구불비례성과 선거구획정의 어려움을 해소할 수 있는 유의미한 방안은 비례의석 비율 확대와 유동선거구제(floterial district system) 도입이다. 비례의석의 비중을 높이면 인구불비례를 완화할 수 있고, 유동선거구제를 도입하면 획정의 용이성을 높일 수 있고, 인구기준 불부합에 따른 선거구간 대표성의 왜곡 문제에 효과적으로 대응할 수 있다.

유동선거구제는 미국의 주의회선거 선거구획정에 사용되는 방식이다.[72] 예컨대, 선거구 평균인구수가 10만 명이고 A선거구와 B선거구의 인구수가 각각 15만 명이라면 이들 선거구에 각각 할당되는 1석 외에 두 선거구를 묶어 1석을 더 할당함으로써 평균인구수 10만에 부합하도록 하는 방식이다.

기초의회선거에서도 광역의회선거와 유사한 제도적 환경이다. 시도별 정수산정기준과 인구편차기준이 다르고, 이전보다 강화된 인구편차기준이 적용되며, 도농간 인구편중도 극심하다. 그러나 기초의회는 선거구당 2~4인을 선출하는 중선거구제를 채택하고 있다. 중선거구는 소선거구와 달리 인구범위가 상대적으로 넓기때문에 인구불부합 선거구 처리에 훨씬 유리하다.

72 선거구획정의 용이성을 높일 수 있는 방안으로 중선거구제를 고려해볼 수 있으나 농산어촌 선거구의 지나친 광역화를 가져올 수 있다. 연동형 도입을 전제로 한 중선거구제의 경우에도 초과의석 발생 억제의 긍정적 측면은 있지만 선거구의 광역화는 단점으로 볼 수 있다(김종갑 2018, 43-47).

5. 광역·기초의회의원선거 비례성 제고

광역의회와 기초의회 선거제도 설계에서는 높은 수준의 비례성을 보장하는 것도 중요한 문제이다. 현행 광역의회와 기초의회 선거제도는 비례의석의 비율이 낮아 소선거구 다수대표제에서 초래되는 득표와 의석점유의 불비례를 비례대표가 보정하지 못한다.

현행 비례의석의 규모는 광역의회선거의 경우 시도별 2~13명, 기초의회선거의 경우 구시군별 1~4명에 불과하다. 따라서 비례의석은 모두 거대 양당에 집중되고, 그 결과 비례성의 저하와 의회구성의 획일화가 초래된다.

2018년 지방선거에서 광역의회선거의 전체 비례의석 87석 중 82%에 해당하는 71석이 더불어민주당과 자유한국당에 돌아갔다. 소수정당인 바른미래당을 비롯해 민주평화당과 정의당의 의석점유율은 18%인 16석에 불과했다. 기초의회선거의 비례의석 편중은 훨씬 심각하다. 전체 비례의석 385석 중 더불어민주당과 자유한국당이 가져간 의석은 371석으로 96%에 이른다. 그에 비해 소수정당에게 돌아간 의석은 14석(4%)에 그쳤다.

기초의회 지역구의석 총수 중 비례의석으로 할당되는 규모가 10%에 불과하고, 이 중 소수정당에 돌아가는 비례의석이 4%에 그친다는 사실로 볼 때 비례의석이 지역구선거의 불비례를 보정하기보다는 오히려 불비례를 가중시킨다고 할 수 있다. 낮은 비례의석 비율 외에도 비례대표를 선출하는 방식에서도 낮은 비례성의 원인을 찾을 수 있다. 광역의회와 기초의회의 비례대표 선출방식은 모두 연동형이 아니고 병립형이기 때문에 비례성이 낮을 수밖에 없다.

〈표 4-4〉 2018년 제7회 광역·기초의회 비례대표선거 시도별 당선자 분포

구분	2018 광역의회선거						2018 기초의회선거					
	더불어 민주당	자유 한국당	바른 미래당	민주 평화당	정의당	계	더불어 민주당	자유 한국당	바른 미래당	민주 평화당	정의당	계
서울	5	3	1	0	1	10	30	23	1	0	0	54
부산	3	2	0	0	0	5	16	9	0	0	0	25
대구	1	2	0	0	0	3	5	9	0	0	0	14
인천	2	1	0	0	1	4	9	7	0	0	0	16
광주	2	0	0	0	1	3	9	0	0	0	0	9
대전	2	1	0	0	0	3	5	4	0	0	0	9
울산	2	1	0	0	0	3	5	2	0	0	0	7
세종	1	1	0	0	0	2	0	0	0	0	0	0
경기	7	3	1	0	2	13	37	16	1	0	2	55
강원	3	2	0	0	0	5	19	4	0	0	0	23
충북	2	1	0	0	0	3	12	3	0	0	1	16
충남	2	1	0	0	1	4	15	11	0	0	0	26
전북	2	0	0	1	1	4	21	0	0	0	4	25
전남	4	0	0	1	1	6	28	0	0	3	1	32
경북	2	3	1	0	0	6	12	25	0	0	0	37
경남	3	2	0	0	1	6	15	20	0	0	1	36
제주	4	1	1	0	1	7	0	0	0	0	0	0
계 (%)	47 (54)	24 (28)	4 (5)	2 (2)	10 (11)	87 (100)	238 (62)	133 (35)	2 (0)	3 (1)	9 (2)	385 (100)

광역의회선거와 기초의회선거에서 지역패권정당의 의석독점을 막고 대안세력의 등장을 용이하게 하기 위해서는 전면적인 개혁이 요구된다. 다만, 광역의회선거와 기초의회선거는 서로 다른 접근방식의 개혁이 필요하다. 우선, 광역의회선거의 경우 비례의석의 비율이 지나치게 낮아 비례의석의 비율을 늘려야 한다. 비례의석을 늘리는 것은 총의석을 늘리지 않는 한 지역구의석의 감소로 이어지고, 지역구의석 축소는 유권자와 의원간 연대와 지역대표성(regional representation)을 약화시킨다는 우려가 존재한다.

따라서 비례의석 수는 적정 규모로 볼 수 있는 '지역구의석 총수의 50%'로 상향조정하고, 당선인 결정방식은 국회의원선거에 적용하는 '스칸디나비아식 불비례보정형'이 바람직하다.

6. 광역의회 스칸디나비아식 불비례보정형 도입

〈표 4-5〉는 현재 지역구의석의 10%에 불과한 광역의회의 비례의석 비율을 50%로 확대하고, 스칸디나비아식 불비례보정형을 2018년 광역의회선거에 적용한 결과이다. 2018년 광역의회선거에서 전체 지역구의석 100석 중 97석을 얻은 더불어민주당은 스칸디나비아식에서는 단 1석의 비례의석도 얻지 못하는 것으로 나타난다.

반면, 지역구의석을 3석 얻은데 그친 자유한국당은 28석의 비례의석을 가져가는 것으로 나타난다. 바른미래당과 정의당은 2018년 선거에서 각각 1석의 비례의석을 얻는데 그쳤으나, 스칸디나비아식 불비례보정형에서는 각각 13석과 11석을 가져가는 것으로 나타난다.

<표 4-5> 2018년 광역의회선거 스칸디나비아식 적용 시뮬레이션

2018 광역의회선거 결과

구 분	더불어 민주당	자유 한국당	바른 미래당	민주 평화당	정의당	무소속	계
정당득표율	2,523,110	1,250,856	569,224	43,839	48,0371	-	4,867,400
지역구총수	97	3	0	0	0	0	100
비례의석총수	5	3	1	0	1	-	10
계	102	6	1	0	1	0	110

스칸디나비아식 적용 결과

구 분	더불어 민주당	자유 한국당	바른 미래당	민주 평화당	정의당	무소속	계
정당득표율	2,523,110	1,250,856	569,224	43,839	480,371	-	4,867,400
지역구의석	97	3	0	0	0	-	100
득표비례배분	78	38	18	1	15	-	150
초과의석	19 (97-78)	-	-	-	-	-	19
불비례보정 비례의석	-	25	13	1	11	-	50
비례의석	0	25	13	1	11	-	50
계	97	28	13	1	11	-	150

스칸디나비아식 불비례보정형의 불비례 보정효과는 이득률 분석에서 잘 나타난다. 더불어민주당은 2018년 광역의회선거에서 40.4의 높은 이득률을 보였지만, 스칸디나비아식 불비례보정형에서는 12.9로 낮아져 과대대표가 현저히 개선되는 것으로 나타난다. 자유한국당을

비롯하여 바른미래당과 정의당도 2018년 선거에서 나타난 극심한 과소대표가 상당 수준 완화된다.

〈표 4-6〉 2018년 광역의회선거와 스칸디나비아식 불비례보정형의 이득률 비교

2018 광역의회선거 결과

구 분	더불어 민주당	자유 한국당	바른 미래당	민주 평화당	정의당	계
정당득표	2,523,110	1,250,856	569,224	43,839	480,371	4,823,561
득표율(%)	51.8	25.7	11.7	0.9	9.9	100
총의석	102	6	1	0	1	110
의석률(%)	92.7	5.5	0.9	0	0.9	1
이득률	40.4	-20.4	-10.9	0	-9.1	-

스칸디나비아식 적용

구 분	더불어 민주당	자유 한국당	바른 미래당	민주 평화당	정의당	계
정당득표	2,523,110	1,250,856	569,224	43,839	480,371	4,823,561
득표율(%)	51.8	25.7	11.7	0.9	9.9	100
총의석	97	28	13	1	11	150
의석률(%)	64.7	18.7	8.7	0.7	7.3	100
이득률(B/A)	12.9	-7.0	-3.0	-0.2	-2.6	-

7. 기초의회 개방형 명부제 도입

기초의회선거의 경우에는 광역의회선거보다 훨씬 파격적인 방식의 개혁이 필요하다. 유럽국가들처럼 기초의회 선거제도를 전면적 비례대표제로 변경하면 의원정수가 인구수에 비례해 산정되기 때문에 선

거구획정 과정이 불필요하고, 모든 정당이 득표한 만큼 의석을 가져갈 수 있기 때문에 비례성을 최대화할 수 있다.

기초의회의 전면적 비례대표제 도입과 함께 현행 폐쇄형 명부방식도 개선되어야 한다. 폐쇄형 명부제는 후보 추천을 정당에 일임하는 방식이다. 유권자는 선호하는 정당만 선택할 수 있다. 당선인은 정당이 사전에 정한 명부순위에 따라 결정된다.

이러한 폐쇄형 명부제의 장점은 정당이 후보자의 대중적 지지지도와 관계없이 직능대표, 여성, 종교적·인종적 소수의 대표성을 반영하는 명부 작성이 가능하다는 점이다. 그러나 단점은 대중적 지지를 받는 후보자라 하더라도 정당 내 역학관계에 따라 명부에서 소외될 수 있으며, 이 경우 유권자는 의사표명을 할 다른 방도가 없다는 것이다.

반면, 개방형 명부제는 유권자가 비례대표 명부후보의 당선순위를 결정하는 방식이다. 유권자는 자신이 선호하는 명부후보를 직접 선택할 수 있다. 정당이 시민사회에서 뿌리내린 유럽의 국가들은 유권자가 후보에 직접 투표하는 개방형을 채택하고 있다.

특히, 주민생활과 가장 밀착된 기초단위 선거의 경우 독일, 프랑스 등 유럽국가들에서 개방형 명부제는 보편화되어 있다. 개방형 명부제가 후보자에대한 직접투표를 허용하기때문에 동일정당 후보자들 간 득표경쟁으로 당내 파벌 및 계파형성을 조장한다는 지적이 있지만, 유권자의 선택권을 정당만이 아니라 후보자에게까지 확장한다는 점에서 큰 의미가 있다.

또한 선출되는 대표의 민주적 정당성 강화와 다수대표제의 단점인 거대양당 중심의 의석편중과 불비례성도 개선할 수 있다. 개방형 명부제는 비례대표 선출권을 유권자에게 돌려준다는 의미를 갖는다. 정당이 후보를 추천하지만 후보에 대한 선택권은 유권자에게 부여하는 것이다.

이처럼 개방형 명부제는 명부후보에 대한 직접투표를 허용하기 때문에 지역구선거와 같이 인물선거의 성격을 갖는다. 유권자가 정당명부의 후보자를 직접 선택하기 때문에 인물대표성을 가질 수 있다.

개방형 명부제를 도입할 때 중요하게 고려해야할 부분은 명부의 개방성(degree of openness)을 어느 정도 수준으로 할 것인가 하는 점이다. 개방형 명부제 중에는 당선인을 결정하는 득표수, 즉 당선쿼터(votes quota)를 설정하여 쿼터를 충족한 후보를 '우선적으로' 당선시키는 득표쿼터 방식이 있다. 정당의 후보순위를 존중하되 일정비율의 득표율을 보인 후보는 당선가능성을 높이는 방식이다.

이처럼 당선쿼터를 설정할 것인지, 또 쿼터를 허용한다면 어느 수준으로 설정할 것인지, 그리고 후보기표 외에 별도의 정당기표를 허용할 것인지 등이 개방성에 영향을 미치는 요인이라 할 수 있다. 당선쿼터가 없고 후보기표만 허용한다면 높은 수준의 개방성이 보장되지만, 득표쿼터를 높게 설정하고 정당기표를 허용하는 개방형은 개방성이 낮아져 정당의 영향력이 커지게 된다.

개방형 비례대표제보다 명부의 개방성을 더 강화한 방식도 있다.

이른바, 자유형명부(free list)에는 선호하는 후보에게 주어진 투표수만큼 몰아서 투표하는 누적투표제와, 서로 다른 정당 후보자들에게 한 표 이상의 투표권을 행사하는 배합투표제가 실시된다(Gallagher and Mitchell 2005, 590).

기초단위 선거에서 배합투표제를 실시하는 대표적인 국가는 프랑스, 독일, 라트비아, 슬로바키아이고, 누적투표제 국가로는 미국, 독일, 슬로바키아, 스위스, 호주를 들 수 있다. 누적투표와 배합투표는 유권자에게 명부상의 후보순위를 변경할 수 있는 권한을 주는 것이므로 정당의 권한 축소로 이어질 수 있지만, 주민들에 친숙하고 봉사하는 인물이 당선될 가능성을 높여 정당과 유권자의 간극을 좁히는데 기여할 수 있다.

또한 누적투표와 배합투표에서 유권자가 행사하는 투표수가 많을 경우 후보 선택의 어려움과 혼란을 조장할 뿐만 아니라, 극단적 성향을 가진 투표자의 영향력이 과대해질 수 있는 부정적인 측면이 있다. 따라서 유권자가 행사하는 투표수를 제한하는 방안을 검토해볼 수 있다.

8. 개방형 명부제 투표방법

개방형 명부제가 적용되는 기초의회선거에서 대표선출의 단위인 선거구는 자치구시군이 된다.

당선인은 득표율에 따라 정당별 할당의석을 정한 후, 최다득표순으로 결정된다. 득표율은 유권자의 정당기표(party vote)와 후보기표 (personal vote)를 합산한 결과로 산정한다. 유권자 1인이 행사할 수 있는 투표수는 선출의원수의 절반으로 하되 3표로 제한한다. 또한 누적투표를 허용하여 특정 후보에 3표까지 행사할 수 있도록 하고, 서로 다른 정당의 특정 후보를 선택할 수 있는 배합투표도 허용한다. 한 후보에게 복수의 투표를 행사할 경우 후보의 성명 옆에 2 또는 3을 기입하도록 한다.

선거구가 클 경우 출마정당과 후보의 수도 많아지므로 투표용지도 커질 수밖에 없다. 투표용지가 지나치게 클 경우 정당명부의 하위 순위에 배정된 후보자의 당선가능성이 낮아지게 되고, 유권자의 입장에서도 투표용지가 크면 후보선택에 어려움을 줄 수 있다. 거대 투표용지 문제는 별도의 후보명부표를 투표소마다 비치하여 선거인이 열람 후 번호만 기입하도록 하는 방법으로 투표용지의 확대를 막을 수 있다.

〈표 4-7〉은 개방형 명부제에서 유권자가 행사할 수 있는 투표방법을 사례별로 나타낸 것이다. 투표용지에 병(丙)당을 3표 기입한 경우 3인의 후보(ㄱ/병, ㄴ/병, ㄷ/병)에게 순차적으로 1표씩 돌아간다. 후보기표(누적투표)는 갑(甲)당의 ㄱ/갑 후보에게 1표를 행사하고 ㄷ/갑 후보에게는 2표의 누적투표를 행사한 경우이다. 후보기표(배합투표)는 갑당의 ㄱ/갑 후보, 을당의 ㄴ/을 후보, 병당의 ㄷ/병 후보에게 각각 1표씩 행사한 경우이다.

〈표 4-7〉 기초의회선거 개방형 명부제 기표방법

정당기표

정당기표	갑당	을당	병당 3	정당
후보 기표	ㄱ/갑	ㄱ/을	ㄱ/병	ㄱ/정
	ㄴ/갑	ㄴ/을	ㄴ/병	ㄴ/정
	ㄷ/갑	ㄷ/을	ㄷ/병	ㄷ/정
	ㄹ/갑	ㄹ/을	ㄹ/병	ㄹ/정
	ㅁ/갑	ㅁ/을	ㅁ/병	ㅁ/정

후보기표(누적투표)

정당기표	갑당		을당	병당	정당
후보 기표	ㄱ/갑	1	ㄱ/을	ㄱ/병	ㄱ/정
	ㄴ/갑		ㄴ/을	ㄴ/병	ㄴ/정
	ㄷ/갑	2	ㄷ/을	ㄷ/병	ㄷ/정
	ㄹ/갑		ㄹ/을	ㄹ/병	ㄹ/정
	ㅁ/갑		ㅁ/을	ㅁ/병	ㅁ/정

후보기표(배합투표)

정당기표	갑당		을당		병당		정당
후보 기표	ㄱ/갑	1	ㄱ/을		ㄱ/병		ㄱ/정
	ㄴ/갑		ㄴ/을	1	ㄴ/병		ㄴ/정
	ㄷ/갑		ㄷ/을		ㄷ/병	1	ㄷ/정
	ㄹ/갑		ㄹ/을		ㄹ/병		ㄹ/정
	ㅁ/갑		ㅁ/을		ㅁ/병		ㅁ/정

9. 다당체제 형성을 위한 조건들

기초의회 개방형 명부제 도입과 함께 정당설립요건 완화·폐지, 그리고 지역정당 허용도 중요한 개혁과제라고 할 수 있다. 현행「공직선거법」은 광역의회와 기초의회선거에서 정당 난립을 막기 위해 유효투표총수의 5% 설정하고 있다. 그러나 이 수치는[73] 국회의원선거의 최소조건인 3%보다도 높다. 이는 국회의원선거에서 의석을 낼 수 있는 '득표력 있는' 거대정당만이 지방의회에 진입할 수 있다는 의미이다.

또, 지방의회선거는 국회의원선거에 비해 비례의석의 수가 적기 때문에 거대정당과 군소정당이 경쟁하게 되면 당세가 약한 군소정당이 의석을 확보할 가능성이 기본적으로 낮을 수밖에 없다. 그런데 최소조건까지 설정하게 되면 군소정당의 의석확보 가능성은 더욱 낮아진다.

무엇보다, 지방선거는 주민의 삶과 직결되는 선거단위라는 점에서 주민의 의사가 적극적으로 반영되도록 할 필요가 있다. 다양한 정치세력이 주민의 대표성을 갖도록 하기 위해서는 이들의 의회 진입이 용이하도록 해야 한다.

광역의회선거의 경우, 정당 난립에 대한 우려로 최소조건이 꼭 필요하다면 최소한의 수준으로 검토해볼 수 있지만,[74] 기초의회선거에서

---

73 「공직선거법」제190조의2는 비례대표 지방의회선거에서 유효투표총수의 5% 이상을 획득한 정당에게만 비례의석을 할당하도록 규정하고 있다. 다만, 의석정수의 3분의 2에 해당하는 수의 정수에 해당하는 의석을 배분받는 정당외에 유효투표총수의 5% 이상을 얻은 정당이 없는 경우 이들 정당간 득표비율에 따라 잔여의석을 배분하도록 규정하고 있다.

74 광역의회선거의 경우 최소조건은 2% 이하 수준으로 설정하는 것을 고려해볼 수 있다.

는 최소조건을 삭제하여 모든 정당이 후보자명부를 제출하여 공정한 경쟁을 펼칠 수 있게 하여야 한다.

독일은 기초의회선거에서 최소조건을 두고 있지 않거나 기존의 최소조건도 헌법재판소의 위헌판결로 철폐하고 있는 추세다. 헌법재판소의 판결에 따르면 기초의회선거에서 5% 최소조건을 두고 있는 것이 헌법이 보장하는 평등선거의 원칙에 위배된다는 것이다.

광역의회에서는 연방하원과 동일한 5% 최소조건이 적용되지만, 기초의회선거에서는 브레멘(Bremen)을 제외하고는 나머지 15개 주에서는 적용되지 않고 있다(Parlamentarischer Beratungs- und Gutachterdienst des Landtags NRW 2005, 19). 이는 기초의회에 다양한 정치세력이 진입할 수 있는 제도적 환경으로 작용한다.

기초의회선거에서는 국회의원선거나 광역의회선거와 비교할 때 의원정수가 적기 때문에 거대정당과 군소정당이 경쟁하게 되면 당세가 약한 군소정당이 의석을 확보할 수 있는 가능성이 기본적으로 낮을 수밖에 없다. 그런데 최소조건까지 설정하게 되면 군소정당의 의석확보 가능성은 더욱 낮아진다.

풀뿌리민주주의를 구현하는 기초의회단위에서 다양한 민의를 충실히 반영하기 위해서는 군소정당의 의회진입에 장애가 되는 최소조건을 철폐할 필요가 있다. 지방의회선거의 경우 정당스펙트럼의 다양성을 제고함으로써 정당경쟁구도를 활성화하고 풀뿌리민주주의가 정착될 수 있는 제도적 환경을 조성할 필요가 있다. 이를 위해 최소조건을 철폐하여 지방의 다양한 사회적 균열이 지방의정에 반영될 수 있도록 하고, 지방정당을 허용하는 것을 고려해야 할 것이다. 군소정당의 난립을 방지하기 위한 방법을 채택한다면 정당설립요건을 강화하기보다 정당의 결성은 허용하되 최소조건을 상향조정하여 원내진입을 제한하는 방법이 바람직할 것이다.

지방의회는 국회의원선거와 달리 주민생활과 가장 밀착된 영역이므로 지역유권자의 다양한 이익을 대변할 수 있도록 정당제도의 개방성을 높이는 것을 고려해볼 수 있다. 즉, 정당스펙트럼을 확대하여 정당경쟁구도를 활성화함으로써 지역의 다양한 사회적 균열이 지방의정에 반영될 수 있는 제도환경을 조성할 필요가 있다. 이를 위해 지역단위에서 지방정당(local party)의 활동을 허용해야 한다.

그러나 현행 「정당법」에서는 지역단위에서 정당이 결성되고 활동하는 것이 불가능하다. 현행 정당설립요건은 전국적 규모의 정당만이 충족시킬 수 있기때문에 지방정치에서 '지역 본래의 이익'보다는 '중앙의 이익'이 대변된다고 할 수 있다. 지방정치가 활성화되어있는 독일이나 일본의 경우 정당설립요건을 완화함으로써 지방정당이 지방선거에 활발히 참여할 수 있도록 하고 있다.

독일의 「정당법」은 정당의 결성을 '정치적 의사형성에 영향을 미치고 대표기구에 참여하는 시민의 결사체'로 규정하고 있을 뿐 세부적인 요건을 명시하고 있지 않다. 일본도 정당의 활동에 특별한 제한규정을 두지 않는다. 「정치자금규정법」과 「정당조성법」에 의석수 5석 또는 득표수 2%의 요건을 충족한 정당에 한해 정치자금 배분이나 정당조성의 대상으로 규정하고 있지만, 정당설립을 제한하는 법률은 존재하지 않는다(하세헌 2007, 32-33). 영국과 프랑스도 우리와 같이 당원수나 지역분포 등의 특별한 창당요건을 요구하지 않는다. 또한 독일이나 일본 모두 정당이 아닌 다양한 유권자단체(group of electors)가 후보를 추천하고 정치활동을 할 수 있도록 허용하고 있다.

지방정당의 활성화는 지역사회의 다양한 정치세력이나 인물이 지방의회에 진입하는데 촉진제 역할을 하고 지방의회의 다양성에 기초한 정당경쟁구도를 조성하는데 기여할 수 있다. 지방의회가 특정 정당에 의해 독점되고 이들을 중심으로 배타적 지지기반을 형성하게 되면 지역주민의 다양한 이익의 표출이 억제될 수밖에 없다.

다양한 정치세력이 경쟁구도를 형성할 수 있을 때 비로소 통합의 단초가 마련될 수 있다. 인권, 자유, 평화 등의 민주적 가치를 기반으로 한 사회적 균열에 따라 정당결성이 활성화될 수 있는 제도적 환경을 조성해야 한다. 지방선거단위에서는 극단적 성향의 정당 출현이나 정당난립을 차단하는 것보다 정당경쟁구도를 형성하여 정당민주주의의 착근과 유권자의 탈정치화를 막는 데 더 큰 비중을 두어야 할 것이다.

강남훈. 2015. "평등선거 구현을 위한 선거법 개정 방향: 중앙선거관리위원회 제안에 대한 시뮬레이션을 바탕으로." 『공법학연구』 19-2. 99-135.

강원택. 2002. "국회의원 선거제도의 개혁: 의원 정수 및 선거구 획정 문제를 중심으로." 『국가전략』 8-3. 133-152.

강원택. 2007. "한국 대통령 선출 과정의 문제점과 개선 방안: 선거제도와 경선 방식을 중심으로." 강원택·박명호. 2007. 『한국의 권력구조 개선논의』 국회입법조사처 연구용역보고서. 1-36.

경제희·정준표. 2012. "석패율제도와 지역주의 완화." 『한국과 국제정치』 28-2. 177-210.

김도종·김형준. 2003. "국회의원 정수산출을 위한 경험연구: OECD회원국들과의 비교분석을 중심으로." 『한국정치논총』 43-3. 73-88.

김순은. 2010. "사회통합과 지방의원 선거구제: 중선거구제도의 효과분석을 중심으로." 사회통합위원회·한국지방자치학회. "지방선거제도 이대로 좋은가?" 2010.9.1 지방선거제도 개선 제3차 기획토론회. '지방선거제도 개선 제3차 기획토론회' 발표문. 2010.

김영태. 2005. "현행 국회의원선거제도의 문제점과 개선방안." 『열린미래』 창간준비호.

김용복. 2009. "지방의회의 역할과 선거제도의 개선: 비례성의 제고와 정당 정치의 활성화." 『세계지역연구논총』 27-3. 36-63.

김웅진 외. 2009. 『한국 선거제도 개혁방안의 모색을 위한 비교연구: 제도 개혁의 주체, 과정 그리고 정치적 효과를 중심으로』, 서울: 한국의 회발전연구회.

김장민. 국회의원 중선거구제와 권역별 비례대표의 검토. http://nci.or.kr/ bbs/tb.php/02_1/381.

김정현. 2012. "대통령 결선투표제에 관한 고찰." 『법학논고』 40-10. 159-186.

김종갑. "2013년 독일 총선 결과의 의미화 향후 전망." 『이슈와 논점』 723. 국회입법조사처.

김종갑. 2011. "정당득표와 의석점유의 모순: 독일 연방선거법 개정논의를 중심으로." 『정책보고서』 10. 국회입법조사처.

김종갑. 2018. "중선거구제 적용 연동형 비례제: 제도효과 및 도입시 고려 사항." 국회 정치개혁특별위원회 선거제도 개혁 관련 공청회 발표 자료(2018.11.14.).

김종갑. 2018. "현행 지방선거제도 관련 주요 쟁점 및 개편방안: 지방의회 선거를 중심으로." 『입법·정책보고서』 5. 국회입법조사처.

김종갑·허석재. 2020. "제21대 총선 선거구획정의 특징과 개선과제." 『입법·정책보고서』 54. 국회입법조사처.

김종철. 2006. "1987년 헌법의 개정론에 대한 비판적 고찰". 『정책연구』

148. 1-49.

김진욱. 2012. "개헌 없이도 결선투표제 도입 가능하다." 『프레시안』 6월 25일.

김철수. 2008. 『헌법학』. 서울: 박영사.

박범계. 2015. "지역대표적 사회적 대표제를 제안하며: 중앙선거관리위원회 개정의견과의 비교." 대전광역시 선거구 증설 방안을 위한 정책 토론회 발표문.

박범종. 2017. "국회의원 선거제도 개선방안: 지역주의 극복과 지방대표성 강화를 중심으로." 『선거연구』 1-8. 103-126.

김종민 의원실. 『선거제도 설명자료』(2019.01.16.).

박상훈. 2018. "한국의 정치 발전과 국회의원 선거 제도." 『국회 정치개혁특별위원회 주최 선거제도 개혁 관련 공청회 자료집』(2018.11.14.).

박재욱. 2006. "지방선거에서의 정당공천제와 경선제: 5.31지방선거를 중심으로." 『국제정치연구』 9-1. 339-362.

박재욱. 2007. "2006년 이후 지방자치제도 변화의 정치적 효과: 기존 논의의 평가와 쟁점." 『21세기정치학회보』 17-3. 281-310.

박재욱. 2007. "2006년 이후 지방자치제도 변화의 정치적 효과: 기존 논의의 평가와 쟁점." 『21세기정치학회보』 17-3. 281-309.

박찬욱. 2004. "대통령제의 정상적 작동을 위한 개헌론." 진영재 편. 『한국 권력구조의 이해』. 나남.

사회통합위원회. 2010. 『지역주의 해소를 위한 선거제도 등의 개선방안』. 한국정당학회 용역보고서. 국회입법조사처.

선거제도 개혁 관련 공청회 자료집(2018.11.14.).

성낙인. 2012.『헌법학』. 법문사.

송시우. 2014. "결선투표제의 도입의 필요성에 대한 헌법적 고찰."「서강법률논총」3-1. 3-26.

송재봉. 2008. "주민참여 지방정치 활성화를 위한 지방의회 제도개선 과제. 지방의회 이대로 좋은가?" 지방의회 제도개선 과제 토론회 자료.

음선필. 2013. "의회민주주의와 국회의원 선거체계의 개혁."『공법연구』42-1. 157-192.

이동영.「위기의 지방의회... 없앨까? 고칠까?: 지방의회 제도 문제점과 개선사항」. '지방의회 이대로 좋은가? 지방의회 제도개선 과제 토론회' 발표문. 2008.

이준한. 2010. "결선투표제의 비판적 고찰".『의정논총』5-2. 101-127.

임종훈. 2006. "국가권력구조의 개편방향".『헌법학연구』12(2). 73-94.

입법조사처. 2014. "국회의원 비례대표선거 개방형 명부제의 특징과 시사점."『입법·정책보고서』. 국회입법조사처.

정만희. 2012. "선거구획정의 기본문제: 국회의원 선거구획정의 문제점에 관한 비교법적 검토."『공법학연구』13-3. 117-154.

정용하. 2010. "선거제도와 지역성: 중선거구제를 통한 지역성의 발견."『한국민족문화』37. 3-38.

정철. 2012. "개헌을 통한 권력구조개편의 기본방향 토론문". 한국법학교수회 주최 토론회. 서울. 11월.

정치개혁특별위원회 주최 선거제도 개혁 관련 공청회 자료집(2018.11.14.).

최장집. 1996.『한국민주주의의 조건과 전망』. 나남.

최태욱. 2011. "복지국가 건설과 '포괄정치'의 작동을 위한 선거제도 개혁." 『민주사회와 정책연구』 19.

하세헌. 2007. "지방분권 실현과 지방정당의 육성."『한국지방자치연구』 9-2. 25-40.

허영. 2012.『헌법이론과 헌법』. 박영사.

헌법연구자문위원회, 2009. (국회의장 자문기구)헌법연구자문위원회 결과보고서.

홍윤기. 2002. "한국정치는 국민을 대표하는가: 결선투표제 도입을 주장한다."『철학과 현실』 55. 109-119.

Anckar, Carsten. 1997. Determinants of Disproportionality and Wasted Votes. Electoral Studies 16-4. 501-515.

Behnke, Joachim. 2020. "Schriftliche Stellungnahme zur öffentlichen Anhörung des Innenausschusses des Deutschen Bundestages am 5. Oktober 2020(BT-Drs. 19/(4)584.

Benoit, Kennth. 2001. "Evaluating Hungary's Mixed-Member Electoral Systems." Shugart, Matthew S., Wattenberg, Matin P. Mixed-Member Electoral Systems: The Best of Both Worlds. New York: Oxford University Press.

Bundesverfassungsgericht. 2008. 2 BvC 1/07, 2 BvC 7/07. http://
www.bundesverfassungsgericht.de/entscheidungen/
cs20080703_2bvc000107.html.

Bundesverfassungsgericht. 2012. BvF 3/11, 2 BvR 2670/11, 2 BvE 9/115.
http://www.bverfg.de/entscheidungen/fs20120725_2bvf000311.
html.

Dag Arne, Christensen and Jacob Aars. 2010. Electing Mayors with the
Supplementary Vote Method: Evidence from Norway. Local
Government Studies 36-6(December).

Der Bundeswahlleiter. 2009. "Wahl zum 17. Deutschen Bundestag am
27. September 2009." http://www.bundeswahlleiter.de/de/
bundestagswahlen/BTW_BUND_09/(검색일: 2015.8.12.).

Der Bundeswahlleiter. 2018. 「Wahl zum 19. Deutschen Bundestag
am 24. September 2017」 Heft 3. Endgultige Ergebnisse nach
Wahlkreisen, Wiesbaden.

Der Bundeswahlleiter. 2013. "Sitzkontingente der Länder im neuen
Sitzzuteilungsverfahren für die Bundestagswahl 2013."
http://www.bundeswahlleiter.de/de/aktuelle_mitteilungen/
downloads/20130902_Sitzkontingente.pdf.

Deutscher Bundestag Wissenschaftliche Dienste. 2016. "Größe des
Bundestages: Mögliche Auswirkungen der Änderung des

Sitzzuteilungsverfahrens nach der Wahlrechtsreform 2013 auf die Anzahl der Abgeordneten im Deutschen Bundestag - Stand der Diskussion."

Diamond, Larry and Marc F. Plattner. 2006. Electoral Systems and Democracy. Baltimore: Johns Hopkins University Press.

Farrell, David M. 1997. Comparing electoral systems. London: Prentice Hall.

Farrell, David M. 2011. Electoral System: A Comparative Introduction. New York: Palgrave Macmillan.

Ferrara, Federico, Erik S. Herron, Misa Nishikawa. 2005. Contamination and its Consequences. New York: Palgrave Macmillan.

Balinski, Michel. L. and Young, H. Peyton. 2001. Fair Representation: Meeting the Ideal of One Man, One Vote. Washington DC: The Brookings Institution.

Der Bundeswahlleiter. 2020. Endgültige Sitzberechnung und Verteilung der Mandate bei der Bundestagswahl 2017. https://www. bundeswahlleiter.de/dam/jcr/dd81856b-7711-4d9f-98dd-91631ddbc37f/btw17_sitzberechnung.pdf(검색일: 2021.2.3.).

Gallagher, Michael, Paul Mitchell. 2005. The Politics of Electoral Systems. Oxford: Oxford Univ. Press.

Herron, Erik S. and Nishikawa, Misa. 2001. "Contamination effects and the

number of parties in mixed-superposition electoral systems."
Electoral Studies 20-1. 63-86.

Hrebenerar, Ronald J. and Akira Nakamura(eds.). 2015. Party politics in
Japan: political chaos and stalemate in the twenty-first century.
New York: Routledge.

Jones, Mark P. 1996. Electoral Laws and the Survival of Presidential
Democracies. University of Notre Dame Press.

Kjaer, Ulrik and Elklit, Jørgen. 2014. The Impact of Assembly Size on
Representativeness, The journal of legislative studies. 20: 2, 156-
173.

Lijphart, Arendt. 1994. Electoral Systems and Party Systems: A Study of
Twenty-Seven Democracies, 1945-1990. New York: Oxford
University Press.

Linhart, Eric, Johannes Raabe and Patrick Statsch. 2019. Mixed-member
Proportional Electoral Systems – The Best of Both Worlds?
Journal of Elections. Public Opinion and Parties 29-1. 21-40.

Lundberg, Thomas Carl. 2013. Politics is Still an Adversarial Business:
Minority Government and Mixed-Member Proportional
Representation in Scotland and in New Zealand. British Journal
of Politics and International Relations. Vol. 15. 609-625.

Mainwaring, Scott and Matthew S. Shugart(eds.). 1997. Presidentialism and

Democracy in Latin America. Cambridge: Cambridge University Press.

Massicotte, Louis, and Andre Blais. 1999. "Mixed electoral systems: a conceptual and empirical survey." Electoral Studies Vol. 18. Issue 3.

McGann, Anthony J. 2006. The Logic of Democracy: Reconciling Equality, Deliberation and Minority. Michigan: Michigan University Press.

Meyer, Hans. 2010. Die Zukunft des Bundestagswahlrechts. Baden-BadenL Nomos.

Nohlen, Dieter. 2009. Wahlsysteme in Reformprozesse. in Strohmeier, Gerd(ed.). Wahlsystemreform. Baden-Baden: Nomos. 45-80.

Raabe, Johannes. 2015. Electoral Systems and the Proportionality-Concentration Trade-off: Promises and Pitfalls of Mixed Designs. Kiel: PhD Dissertation, Christian-Albrechts-Universität zu Kiel.

Rae, Douglas W. 1967. The Political Consequences of Electoral Law. New Haven: Yale Univ. Press.

Sartori, Giovanni. 1986. The Influence of Electoral Systems: Faulty Laws or Faulty Method?. in Grofman, Bernard and Lijphart, Arend. Electoral Laws and Their Political Consequences. New York: Agathon Press. 43-68.

Shugart, Matthew S., Wattenberg, Matin P. 2001. "Mixed-Member

Electoral Systems: A Definition and Typology." Shugart, Matthew

S., ..0Wattenberg, Martin P. Mixed-Member Electoral Systems:

The Best of Both Worlds. New York: Oxford University Press.

Shugart, Matthew Soberg, Martin P. Wattenberg. 2001. Mixed-Member

Electoral System. The Best of Both Worlds? Oxford: Oxford

University Press.

Strohmeier, Gerd. 2006. Wahlsysteme erneut betrachtet: Warum die

Mehrheitswahl gerechter ist als die Verhältniswahl. Zeitschrift für

Politikwissenschaft 2. 405-425.

Parlamentarischer Beratungs- und Gutachterdienst des Landtags NRW.

2005. Kommunalwahlsystem in den Ländern der Bundesrepublik

Deutschland, Information 14/177, Landtag NRW 14. Wahlperiode.

2020년 제21대 국회의원선거에서 기존 병립형에 독일식 연동형을 접목한 이른바 준연동형 비례대표제가 대한민국 선거사상 최초로 도입되었다. 준연동형은 정당득표율로 산정된 배분의석보다 지역구의석이 많아 초과의석이 발생하면, 해당 초과의석이 포함된 지역구의석을 제외하고 남은 배분의석에서 연동배분의석(조정의석)과 병립배분의석을 정하는 방식이다.

준연동형은 비례성 제고를 위해 도입되었으나, 거대양당의 위성정당 창당으로 연동형 비례대표제가 온전히 작동할 수 없었다는 평가가 지배적이다. 그러나 위성정당 창당이 없었더라도 준연동형은 정상적으로 작동할 수 없었다. 준연동형은 정당의 지역구의석이 증가하면 비례의석이 줄어드는 연동형의 가장 핵심적인 메커니즘인 상쇄가 작동하지 않는다. 준연동형에서 비례의석을 산출하는 방식이 오류를 보인다는 것은 중대한 흠결이다. 그로 인해 잘못 배분되는 의석규모 자체는 크지 않아 비례성이 크게 달라지지 않는다고 해도 비례적이지 않은 의석배분결과로 인해 선거 때마다 공정성 시비가 끊이지 않을 것이다.

2024년 국회의원선거부터 적용되는 100% 연동방식에서는 비례의석 47석이 전부 연동형에 따라 배분되어 2020년 국회의원선거보다는 비례성이 개선될 수 있을 것이다. 그러나 현재의 낮은 비례의석 비율로는 비례효과를 높이는 데는 한계가 있다.

비례의석의 비율을 지역구의석 대비 3 : 1 수준으로 상향 조정해야 한다. 또한 비례의석의 규모를 독일과 같은 수준으로 확대하기 어려운 현실에서 비례성의 절대적인 수준을 높인다기보다 지역구선거에서 발생하는 불비례를 보정하는 보정의석으로 인식할 필요가 있다. 스칸디나비아식 불비례보정형을 모델로 하여 의석비율 3 : 1 하에서 비례의석은 지역구선거의 불비례를 보정하기에 충분할 것이다.

대통령선거의 경우, 결선투표제가 대안으로 광범위하게 논의되어 왔으나 2차 결선에서 1차 투표에서 지지하지 않은 후보배열이 나타났을 때 유권자의 선택이 강요될 수밖에 없다는 문제점이 있다. 또한 두 번의 투표실시로 후보간 합종연횡이 불가피해지고 그에 따른 정국혼란도 단점으로 지적된다. 결선투표제보다는 유권자에게 출마후보에 대한 선호표기를 허용하여 최종 당선인 선출에 선호도가 반영될 수 있는 선호투표제가 바람직하다. 다만, 선호표기를 3순위까지 허용하는 '수정' 대안투표제를 검토해볼 수 있다.

광역의회선거에서 발생하는 시도별 의원정수 산정과 불비례 개선을 위해서는 비례의석의 비율을 지역구의 50% 수준으로 상향조정할 필요가 있다.

또한 광역의회선거에서도 국회의원선거와 같이 스칸디나비아식 불비례 보정형을 적용하면 총의석 증가를 막는 동시에 비례성도 높일 수 있다. 그리고 소선거구제 방식의 광역의회는 중선거구제의 기초의회와 달리 획정의 어려움이 예상되므로 중선거구제의 효과를 보일 수 있는 유동선거구제를 도입해볼 수 있을 것이다.

광역의회선거가 실시되는 시도단위에서 초과의석이 발생하겠지만 비례성이 큰 폭으로 저하될 정도로 많은 규모가 발생하지는 않을 것이며, 스칸디나비아식 불비례보정형을 적용하여 총의석 증가를 차단할 수 있다. 그리고 기초의회선거는 다양한 정당과 정치세력이 유권자의 선택을 받아 민의를 대표할 수 있는 개방형 명부방식의 전면적 비례대표제가 바람직할 것이다.

유권자 1인이 3표까지 누적투표와 배합투표를 선택할 수 있도록 하고, 의회구성의 다양성을 최대화할 수 있도록 지역단위에서 활동할 수 있는 지방정당의 설립과 후보추천을 보장하도록 할 필요가 있다. 또한 유권자의 의사가 사장되지 않도록 의석배분의 득표율 하한선인 최소조건을 폐지한다. 형식적인 최소조건이 없어도 시군구 단위의 선거구 분할로 실질적 최소조건은 존재한다고 할 수 있다.

한국의 선거제도 개혁: 진단과 처방

초판 1쇄 인쇄 2022년 05월 02일
초판 1쇄 발행 2022년 05월 12일

지 은 이   김종갑
발 행 인   한정희
발 행 처   경인문화사
편   집   유지혜 김지선 한주연 이다빈 김윤진
마 케 팅   전병관 하재일 유인순
출판번호   제406-1973-000003호
주   소   경기도 파주시 회동길 445-1 경인빌딩 B동 4층
전   화   031-955-9300   팩   스   031-955-9310
홈페이지   www.kyunginp.co.kr
이 메 일   kyungin@kyunginp.co.kr

ISBN 978-89-499-6644-1 03340
값 17,000원